U0587224

深度学习
实验

主编／刘建平　刘庆兵

民主与建设出版社

·北京·

© 民主与建设出版社，2020

图书在版编目（CIP）数据

深度学习实验 / 刘建平，刘庆兵主编. —北京：
民主与建设出版社，2020.6
ISBN 978–7–5139–3040–6

Ⅰ.①深… Ⅱ.①刘… ②刘… Ⅲ.①小学教育—教
育研究 Ⅳ.①G622.0

中国版本图书馆 CIP 数据核字（2020）第077077号

深度学习实验
SHENDU XUEXI SHIYAN

主　　编　刘建平　刘庆兵
责任编辑　刘　芳
封面设计　姜　龙
出版发行　民主与建设出版社有限责任公司
电　　话　（010）59417747　59419778
社　　址　北京市海淀区西三环中路 10 号望海楼 E 座 7 层
邮　　编　100142
印　　刷　北京政采印刷服务有限公司
版　　次　2022年6月第1版
印　　次　2022年6月第1次印刷
开　　本　710 毫米×1000 毫米　　1/16
印　　张　14.5
字　　数　261千字
书　　号　ISBN 978–7–5139–3040–6
定　　价　45.00 元

注：如有印、装质量问题，请与出版社联系。

教育从生活开始，与生命同行

东莞松山湖中心小学
二〇一二年初冬　顾明远书

顾明远：北京师范大学资深教授、中国教育学会名誉会长、教育部社会科学委员会副主任、教育部教师教育专家委员会主任。曾任北京师范大学副校长、研究生院院长、教育管理学院院长，中国教育学会会长等。

本书编写人员

主　　编：刘建平　刘庆兵

副 主 编：赵晓天　王　强　刘贤虎

参编人员：姚菊容　王晓珊　杨　明　宁俊玲　高艳丽

　　　　　吴　婧　张国花　欧　劲　齐　彬　周　敏

　　　　　匡芝兰　杨春子　黄　娜　张园园　黄　帆

　　　　　陈小燕　林　琳

深度学习很倾城

（代序）

人生有三重境界：见自己，见天地，见众生。

我赴松湖之约这十多年，有缘跟随刘建平校长开办小学部、独立建校、集团化办学，虽不达人生至臻境界，但领略到的教育的生命本真，感受到的教育的浪漫情怀，是真真切切的。这一路，可以说是一见倾心，二见倾情，三见倾城。

见自己，一见倾心：生活不止眼前的苟且，还有诗和远方。

来东莞之前，我在老家县城实验小学工作，年近三十岁，担任学校教科室副主任，教学在当地小有名气。在家人和同事看来，我事业蒸蒸日上，应该知足了。但在我的内心深处，对每天过着这样墨守成规、一成不变的生活，总感觉缺少点什么，我憧憬着外面的世界。就在这时，一封邮件深深地打动了我：

老师：

您好！

松山湖是放飞生活梦想的地方，更是放飞教育理想的地方。我们很可能有缘相聚松山湖，携手共创伟业！

思想在交流和碰撞中闪现智慧的火花。前期我已与一些教育专家进行交流，初步确立了课程立校的发展之路。近期进行了初步的论证，期望建立学校自己的课程体系。附件中有我对东莞中学松山湖学校小学部课程立校的一点思考，请您参阅。我期待着您（于5月8日前）就学校课程的建设和发展提出自己的设想和建议。

刘建平

2006年4月

正是这一封来自东莞中学松山湖学校的邮件，让我满怀期待地赴松山湖之约；也正是这一封邮件，让我去思考不一样的教育，走不一样的教育之路。

对于课程，我在老家几乎没有听说，更谈不上认识。因此去东莞中学松山湖学校小学部参加面试前，我做了一些准备。在网上看了一些关于课程的文章，知道了一点皮毛。虽然当时松山湖的基础设施以及配套设施还在完善中，但是其山清水秀，有近8平方千米的淡水湖，42千米的亲水湖岸线，青葱峰峦环抱四周，树影婆娑郁郁葱葱，其旖旎风光被东莞人选为"莞邑新八景之首"。这里优美的自然风光让我心旷神怡。来到东莞中学松山湖学校，这所学校非常大，占地500亩，与青山绿水相依，空气清新，环境优美。学校传承百年老校东莞中学的优秀传统——自主、和谐、共同发展，同时融合现代教育理念，让每一个孩子享受成长的幸福，让每一位教师感受事业的成功。学校当时建有一个室内体育馆、两个标准田径运动场，还有学生宿舍、教师宿舍和两座大型饭堂。这些当时超一流的硬件设施更是让人向往。

当时学校小学部校长刘建平听了我的试教，对我的课堂教学比较满意。随后刘校长与我的聊天让我非常紧张，聊的内容很广，从杜威、陶行知的教育思想，到国内知名小学数学名家的教学主张，对于学校课程的认识以及对学校未来课程建设的思考等，这些我知之甚少，认识更是浅薄。这次谈话，反映出我的许多不足，却也坚定了我的决心。特别是刘校长所描绘的学校就如同小林宗作的巴学园、苏霍姆林斯基的帕夫雷什中学，这就是我所向往的学校，这就是一所理想学校的样子，我庆幸我找对了。初到松山湖，真是一见倾心。

希腊阿波罗神庙墙刻着一句箴言：认识你自己。王阳明也写道："人人自有定盘针，万化根源总在心。却笑从前颠倒见，枝枝叶叶外头寻。"这一次与松山湖的相逢，让我见到了自己的浅薄与不足，让我遇见了"诗和远方"！

见天地，二见倾情：课程即跑道，课程改变，学校就会改变。

面试有惊无险地通过了，我怀着忐忑的心情成为东莞中学松山湖学校的一员。暑假参加教师岗前培训，与来自全国的50名优秀教师经历了一次精神洗礼。大家都怀着空杯心态，将以往自己教学的做法抛之脑后，用东莞中学的办学理念重新建构自己的教育观、教学观，才发现外面的世界很精彩，自己以前的眼界和层次都比较低。大到学校文化、课程建设、班级管理、学科教学等，小到作业批改、排队进餐这样的细枝末节，都被重新定义。通过岗前培训，大家志同道合，齐心聚力，立志一起放飞教育梦想，我们也把自己称为追梦人。

学校决定改编当时课程中不好操作的部分，开发适合孩子发展的校本课程，将《综合实践》以及其他地方课程、校本课程的课时量集中后分给校本课程。这一次我如饥似渴地吸收大量的信息，开始参与编写校本教材《做上学》。当时《做上学》有三分之一的内容与数学有关，如七巧板、火柴棒算式等。从构想、筹划到具体开发课程资源，我经常工作到晚上十二点以后。在全校教师的努力下，学校的校本课程逐步形成学科拓展课程"五个一"：一手硬笔好字、一些文雅气质、一项健身技能、一门兴趣爱好、一种探究习惯。在这个过程中，我和其他教师对课程逐步有了较为深入的认识，由课程认知走向课程认同，由课程认同走向课程自觉。

韩愈《原道》："坐井而观天，曰天小者，非天小也。"通过短暂的岗前培训，我从课程的径外走到了课程的庭内，才蓦然感受到教育的境界与以往坐井观天匠人式的教书生活大相径庭，见到了课程的丰富多彩以及教育的初心。

见众生，三见倾城：最好的基础教育，并非塑造谁，而是点燃我。

一路走来，十多年的时间，我作为亲历者，见证了东莞松山湖中心小学在刘建平校长引领下的快速发展。基于塑造精神生命、开凿自然生命、构建社会生命，进而培育"能够面对多元多变、担当民族复兴大任的现代公民"这一哲学思考，刘建平校长带领学校教师每一个五年都聚焦一个引领发展的大主题：课程转型、教师转型、教学转型，构成全校师生关注的重心和努力的方向。2006年至2011年，学校致力于生命哲学的学校课程再造，构建了全人课程体系；2011年至2016年，学校致力于生态取向的教师幸福发展，培育了复合型教师群体。2016年是学校发展第三个五年的起始年，学校在较好地解决了"教什么"和"学会"的问题后，工作重心从课程转型、教师转型转向教学转型——开展深度学习实验，探索解决"学什么"和"会学"的问题。

2016年9月，语文"主题教学"工作坊率先成立；

2016年10月，数学"问题教学"工作坊成立；

2016年11月，"学习共同体"工作坊成立，"项目式学习"工作坊成立；

……

2016年9月，东莞松山湖中心小学（原东莞中学松山湖学校小学部）立项于广东省教育学会的"基于深度学习的教学变革"课题实验（以下简称深度学习实验），在教学实践中通过"要素导航，促进教的变革""听课革命，促进学的变革""思想赋能，促进场的变革"三个路径培养学生深度学习能力。刘建平校长的论文《深度学习校本化的实践探索》发表于《新课程教学》，《南方日报》专题报道了《松山湖中心小学全人课程3.0版精彩亮相》，《新课程研究》也用41个页面专题报道了我校深度学习的探索实践。

2019年6月23日，中共中央、国务院印发《关于深化教育教学改革全面提高义务教育质量的意见》（以下简称《意见》），这是中共中央、国务院印发的第一个聚焦义务教育阶段教育教学改革的重要文件。其中第三部分"强化课堂主阵地作用，切实提高课堂教学质量"第8条"优化教学方式"，用国家纲领性文件提出具体要求，实属罕见。我校深度学习实验正是落实《意见》的有效途径。

课程改变，学生就会改变；课堂改变，学校就会改变。邱卫春老师教了三十年的数学，教学基本功非常扎实，对知识点的讲解详细透彻，力求让每一个学生都能听懂，所以他的数学课堂学生听讲认真，教学质量也是杠杠的。随着学校吹响深度学习的号角，邱老师深刻地领悟到，作为一名数学教师，要把数学思想方法作为学科深度来抓，要发展学生的高阶思维，要加强学生之间交往的深度，让学习真正发生。他以往的经典课例《植树问题》也有了深度学习的味道，学生也从学会走向了会学。宁俊玲老师以前是一名普通教师，只管自己的一亩三分地，刘建平校长慧眼识珠，让她先后担任数学课程组组长、学校教学方式变革研究室主任，带领全校教师开展基于深度学习的教学方式变革研究。如今深度学习在我校宛若一幅中国山水画，水晕墨章，如兼五彩，呼之欲出。我也积极投身深度学习的变革洪流，进行基于深度学习的小学数学复习教学的实践与研究，并将研究所感、所得进行提炼，完成个人第一本专著《小学数学复习教学的实践与研究》，荣获2018年广东省中小学教育教学创新成果三等奖，并被推荐为2019年度广东省"强师工程"项目。深度学习为我的专业发展插上了一对腾飞的翅膀。

不仅如此，学校还培养了具有深度学习能力的学生，学生的学习能力、学习效果显著，学生创作的《假期生活超市的绘本》《调查报告》等作品让成年人都自叹不如。创客社团石头、陈瀚林等同学被评为广东省首届青少年"小院士"，其中于典同学被评为"十佳小院士"。亚洲跳绳锦标赛，学校跳绳社团荣获1金2银1铜的优异成绩；航模社团代表国家队参加在斯洛伐克举行的世界航空模型锦标赛获得个人单项第四名……

刘建平校长用三个五年真正把"人"字写进教育的核心，时任教育部副部长的陈小娅来学校视察时，对"全人课程"给予了很高的评价。很多专家学者对我校课程建设、课堂教学改革高度认可。学校先后被评为"广东省文明校园""中国当代特色学校十强学校""全国科技教育示范单位""全国创造教育先进集体"等。

庄子《齐物论》：天地与我并生，万物与我为一。

诗人汪国真在《山高路远》里写道：没有比脚去的路，没有比人更高的山。深度学习校本化探索已扬帆起航，正在彰显其强大的生命力。我们走在深度学习的变革之路上，互相启迪，互相激励，既然选择了远方，便只顾风雨兼程。

刘贤虎

为深度学习而求索

（自序）

缘于莞中笃行生态发展之路，立于课程追寻深度学习之美。

基于深度学习的教学变革全国校长研讨会圆满结束了。这三天，时间说长不长、说短不短，既有实验教师的课堂实践展示，又有课题组的实验报告分享，还有教育学者的俯瞰式点评，更有校长论坛上的各抒己见……作为联合主办方，东莞松山湖中心小学呈现了基于深度学习实验的语文"主题教学"、数学"问题教学"、科学"现象教学"、音体美"1+X教学"的研究报告及教学课例，与会的专家学者称我们的探索"教之三要素导航、学之四特征观察、场之两思想赋能"，独具匠心；与会的校长们说我们的探索"贵在接地气，常人可学，常人可用"。《南方日报》在专访中写道："全人课程3.0升级版精彩亮相，深度学习已经成为松山湖中心小学的教学常态。"《幸福松山湖》报道："松山湖中心小学全校师生经过近4年的深度学习实验研究，近日向教育同行首次展示并获得一致赞赏，被誉为当下基础教育深度学习的松湖样本。"得到大家的肯定，我心里既欣慰又惶恐：这赞美其实饱含着鼓励和期待。我们目前完成了样态研究和常态研究，从研究阶段迈入推广阶段，还需要深耕再深耕。

深度学习（Deep Learning）即深层学习。1976年，马顿（Marton，F.）和萨尔约（Saljo，R.）在《论学习的本质区别：结果和过程（*On Qualitative Difference in Learning：Outcome and Process*）》一文中明确提出了深层学习的概念。这被普遍认为是教育学领域首次明确提出深度学习的概念。威廉和弗洛拉·休利特基金会在文献研究和广泛征求专家意见的基础上，对深度学习做了如下界定：深度学习是学生胜任21世纪工作和公民生活必须具备的能力，这些能力可以让学生灵活地掌握和理解学科知识以及应用这些知识去解决课堂和未来工作中的问题，主要包括掌握核心学科知识、批判性思维和复杂问题解决、团队协作、有效沟通、学会学习、学习毅力六个维度的基本能力。

基于深度学习的教学变革是东莞松山湖中心小学第三个五年的核心工作——全校上下致力于所有学科、所有教师、所有学生的教学变革，也是立项于广东省教育学会的课题实验。"全人课程"之目标，是培育自然生命、社会生命、精神生命和谐发展的，能够面对多元多变、担当民族复兴大任的现代公民。前两个五年，我们解决了课程结构、课程师资问题，实现了从给定型到内生型的课程转型、从单一型到复合型的教师转型；这次拟解决课程教学问题，拟实现从知识型到能力型的教学转型。

三年多来，教师们的求索不断丰盈着东莞松山湖中心小学全人课程3.0的内涵和外延，用行动回应了当初筹划会上来自广州的孙校长的期待："我清楚地看见了你们的前两个五年，现在很好奇新的五年规划你们将如何落地？"

2016年9月课题立项，"教"之课例研究；

2018年9月《深度学习行动指南》，"教、学、场"样态研究；

2019年上半年"夯实深度学习"，"教、学、场"常态研究；

2019年下半年"夯实深度学习"，"教、学、场"常态推广；

……

其间，U形座位、课堂观察、学习单……许多第一次于深度学习是开创性的：

第一批工作坊组长：主题教学覃世柏、问题教学宁俊玲、项目式学习（PPL）姚菊容、学习共同体林雪雪；

第一批成熟课例：语文，王晓珊《秋天的雨》、涂德成《黄山奇石》；数学，黄帆《面积单位》、丁宁《不规则物体体积》；科学，莫春荣《让种子飞起来》；

第一批U形座位：林雪雪、黄帆、陈俏婷、卓琳娜、张倩、王小琳、黄娜、孙卓；

第一份课堂观察：宁俊玲、阳巧玲、谢金凤、高艳丽、操珍、杨明；

……

其间，许多听茶悟道时的闲聊于深度学习具有方向性的决定意义：赴武汉前，晓天对深层学习的提议，让我们探讨后确定了以深度学习为理论基础；在闲慧居，庆兵提议作业革命，让我们将深度学习实验首次付诸行动；在海南，王强聊《新零售》，让我们商定了以教、学、场为深度学习探索维度；在海边，贤虎、俊玲领衔编写《深度学习行动指南》，让我们从样态研究跨入常态研究……

立德树人，任重道远。

基于深度学习的教学变革已经悄然发生，但课堂革命离完全彻底达成还有很长的路要走。此番编著，意在梳理深度学习脉落，提炼深度学习规律，让教师们更好地深耕深度学习、夯实深度学习。此外，深度学习作为一项前瞻性教育实践研究，目前在各地各校还处于较为松散的点状实验状态，对提升学生深度学习能力影响有限。此番著书立说，意在呈现松湖样本多角度、全学科、常态化特质，供教育同仁们参考。

未来已来！让我们为深度学习而求索。

刘建平

目 录

第一章　基于深度学习的语文"主题教学"

　　基于深度学习的语文"主题教学"，翻转了传统的备课思维，以学习单作为备课载体，催生老师们的让学意识，学会思考如何以学生的学习立场设计学习活动。

　　语文"主题教学"的学习单，采用"一课两单"，以纲领级的问题进行引领，抓重点与主干，忽略细枝末节。学习单板块清晰简单，分别是语用要点、习法清单、备注、课后小记。其中习法清单是学习单的核心，由三个左右的问题组成的问题串进行驱动，问题之间层层递进，由简到繁、由易到难。问题串的设计使课堂内容循序渐进，激发学生学习的兴趣，拓宽学生的思维空间，引导学生向思维的深度发展，使学生进入一个真正的、深刻的探究问题的过程中去。

　　以学习单引领的备课，转变了教师的思维。备课时，教师思考更多的是学生学什么、怎么学，将备课的落脚点放在了学生身上，体现了以学为本。

第一节　语文"主题教学"概述

2018年10月18日,松山湖中心小学(集团)语文"主题教学"研讨会在西溪学校举办,500多名教师围观,人气爆棚。新教材新尝试,因为新,所以牵动着教师们的心。一场课例研讨会为何热度如此之高?对于三位教师的教学,东莞市教研室的两位教师都给予很高的评价:语文"主题教学"虽非松山湖中心小学首创,但是松山湖中心小学的生成性语用、串联性阅读、方法联想课等课型及学习单独具匠心,超越了众多先行者。

一、语文"主题教学"的含义

记者: 今年统编版小学语文新教材已经走进小学1~3年级的课堂,新在哪里?如何教?是当下教育界热议的话题。请问贵校在这方面做了哪些大胆的尝试?

王强: 统编小学语文新教材,新在哪里?它采用双线组织单元结构,按照内容主题组织单元,同时又有一条线索,即将语文要素分成若干个知识或者能力训练的点,由浅入深,由易及难,分布并体现在各个单元中。每个单元都有单元导语,对本单元主题略加提示,主要指出本单元的学习要点,努力做到"一课一得"。松山湖中心小学的语文"主题教学",主题即某语文要素,或称为语用点。主题教学即以某语文要素为抓手(即主题)所展开的本体深潜、文化立心教学活动。其中,本体深潜指聚焦语文知识、语文策略(方法)和语文技能,关注由"语言——文字"到"语言——思维"的深化与内化,一课一得、得得相联。文化立心指将文学的立场、人文的立场、文化的立场贯穿于语言积累、语感生成和语文实践之中,滋养心田。结合新的统编版教材,探讨如何从教课文到用课文教,从一篇一篇教到一组一组教。从研究的角度来说,设计出了串联性阅读、生成性语用和方法联想课三种课型。从整合的层面来看,既有学科的横向整合,将语文教材和相关语文资源进行整合,又有学科纵向整合，如整个单元自身的整合等。

二、语文"主题教学"的实施路径

记者：这三堂课都能呈现语文"主题教学"的特点，与新教材所倡导的理念是一致的。但它们又各有侧重，能否结合课例具体说一说？

杨明：第一节研讨课是一年级的识字课《小书包》。让孩子在课堂上达成学习目标，同时在这个过程中喜欢上学习汉字，是这节课的主要教学目标，也是语文的本体性设计。考虑到低年级的孩子以形象思维为主，对图片、实物比较敏感，于是我们就将生字用图文对照、实物结合的方式，让图像与汉字反复在语境中出现，让孩子们在实际生活运用中接触生字，在情境中体验词语的温度，最终达成识字的目标。低年级的教学重点就是识字、写字，课堂上用图文对照的方式、用字理的方式引导孩子识字，整堂课都围绕识字进行设计，从听、说、读、写等方面夯实孩子们的语言文字运用能力，这正是语文"主题教学"要实现的目标。

二年级的研讨课是《黄山奇石》，这节课通过启发孩子们的学，来实现课堂的生成。在实践语用的基础上，通过探究性问题的设计，培养学生的高阶思维和发展性思维。从认知到模仿运用、变式运用，最后实现创造运用，这节课正是生成性语用课型的典型课例，摒弃了过去那种按部就班地教教材的方式，而是把课文当作例子，明确一个语用点，教会孩子们通过展开丰富的想象，抓住动作，巧取名字，把一个事物写生动、写具体的方法。接着运用这种方法进行模仿练习，习得一法，一用再用，在运用中训练学生的语言实践，落实学生语文核心素养。

三年级的研讨课是《秋天的雨》，这节课最大的特点是告别过去一篇篇教课文的方式，把几篇有相同语文要素的课文或者文章串起来一起教，一组一组教，让孩子们学会举三反一，落实语用点，这就是串联性阅读课型。这节课上，老师先引导孩子们在品读的过程中认识到文章的第二、三、四自然段都是总分结构的构段方式，每个自然段开头第一句都是总起句，后面围绕这个总起句展开。然后再导入一篇有相同语文要素的文章《秋之神韵》，这篇文章的第二、三、四、五自然段也同样是总分结构。把这两篇文章串在一起教，让孩子们学会找总起句，学会围绕总起句把一段话写具体，通过有感情的朗读去体会秋天的美和作者对秋天的感情,体现了人文要素和语文要素的统一。从粗读习法和精读习法到串读习法,再到实践运用,这节课正是语文"主题教学"串联性阅读的典型课例。

三、基于深度学习实验的语文"主题教学"

记者:基于深度学习实验的语文"主题教学",是怎样培养学生的深度学习能力的?

王晓珊:基于深度学习实验的语文"主题教学"注重学生的深度学习能力,学生是深度学习的主体,学科内容是载体,单元主题教学是途径。教育思维由演绎走向归纳,学习内容由蓝本走向文本,教学文化由强调共性走向尊重个性。其核心要素有三个方面:落实语文学科核心素养,提升课程教学的效度;改变语文学习方式,提升课程教学的温度;发展语文高阶思维,提升课程教学的广度。深度学习实验研究范围是全体老师、全体学生、全部学科,研究目标为培育深度课堂和培养学生深度学习能力。不仅关注老师的教,还观察学生的学,做课堂观察,从看老师变为看学生,从看场面变为看焦点。聚焦深度课堂四特征,从学生的学反观老师的教。在场的方面,用学习共同体理论和互联网思维帮助指导教学,让学生呈现真实自然的学习状态,让课堂更开放、民主、包容。

在备课和教学中,使用语文"主题教学"学习单,目的就是培养学生的深度学习能力。学习单跟以往的备课完全不同,板块清晰简单,分别是语用点、习法清单、备注、课后小记。其中习法清单是学习单的核心,由三个左右的问题组成的问题串。问题之间紧密联系,呈现进阶关系。第一个问题是第二个问题的前提,第二个问题是第三个问题的阶梯,以此顺延,层层铺垫,环环相扣。这一核心环节要求老师们能够凝练出核心问题(问题串),根据核心问题(问题串)设计教学。学习单的设计,要求老师们具备一定的教材解读能力,懂得教材的取舍,善于整合教材,从中凝练开放式的核心问题,指向学科核心素养,关注学生思维层次,让学生在解决问题的追求中达成学习目标,培养学生的高阶思维,培养学生的问题解决能力。而纲领性的学习单有大量留白的空间,足够让老师们彰显智慧,让语文"主题教学"的课堂既有深度也有个性。

第二节　案例与解析

一、要素导航，促进教的变革

（一）语用主题的确定

统编版小学语文新教材，新在哪？如何教？这是大家当前热议的话题。之所以热议，是因为对小学语文教什么、怎么教一直众说纷纭，问题由来已久。

例如，一位二年级学生，因偶然生病请假，发现在家里读书比在学校里上语文课更快乐。于是，她不断请假，结果语文成绩不但没有落后，反而特别突出。学生缺课不缺分不是个案。从实际的教学情况看，每个学期学完一本教材是普遍现象，语文课的学习与学生的语文成绩似乎关系不大。

通过听课调研，许多教师发现有些语文教师把《小英雄雨来》上成了思想政治课，把《两个铁球同时着地》上成了科学课……教师们在情感导向和情节导向上花费了太多的时间和精力。新课标明确指出：语文课程是一门学习语言文字运用的综合性、实践性课程。义务教育阶段的语文课程，应使学生初步学会运用祖国语言文字进行交流沟通，吸收古今中外优秀文化，提升思想文化修养，促进自身成长。工具性和人文性的统一，是语文课的基本特点。

中国人民大学教授温儒敏指出：语文最基本的还是学习语言文字运用，培养学生读书的兴趣和习惯。有了读书的兴趣和习惯，很自然地可以把素质教育、人文教育带动起来。

上海师范大学教授吴忠豪在全国小学语文青年教师课堂大赛总结会上谈道：语文课的性质是学习语言文字运用，这是课程改革的方向。语文课堂要从原来以围绕思想内容的理解转变为学习语言文字的运用，教学过程也是围绕语言文字的运用来组织的。

语文课程标准中指出："语言阅读是运用语言文字获取信息、认识世界、发展思维、获得审美体验的重要途径。阅读教学是学生、教师、教科书编者、文本之间对话的过程。"因此,寻找语用主题,要在依据课标、文本、学生的基础之上,用心地和编者对话。和编者对话的最好方式,就是关注教材中的导语、课后题、泡泡提示语以及《语文园地》等部分。

对课文语用主题的确定,可以从以下五个方面入手:

1. 从单元导语提炼

案例1:

三年级下册第四单元在单元导语中明示语文要素"借助关键语句概括一段话的大意",并在课后设置了相应的思考练习题。比如,第四单元《花钟》这一课课后思考题列出了这样的问题:"默读第一、二自然段。分别说说这两段话的大意。"结合单元导语,可以把"借助关键语句概括一段话的大意"作为本课的语用点,通过精读课文《花钟》引导学生学习借助关键语句概括一段话大意的方法,又通过同一个单元的略读课文《小虾》对已学的方法进行巩固和运用。

案例2:

三年级上册第二单元以"金秋时节"为主题,编排了《山行》《赠刘景文》《夜书所见》三首古诗和《铺满金色巴掌的水泥道》《秋天的雨》《听听,秋的声音》三篇课文。单元导语中明确提出本单元的学习要素是"运用多种方法理解难懂的词语"。以《铺满金色巴掌的水泥道》为例,结合单元导语,可以把"侧重引导学生运用联系上下文、结合生活实际等方法理解词语"作为本课的语用点,借助明朗、熨帖、凌乱等词语带动段落的阅读,引导学生运用联系上下文、联系生活经验、找近义词等多种方法理解词语的意思,想象课文描绘的画面,通过朗读和交流,提炼理解词语的多种方法。

案例3:

六年级上册《开国大典》是第二单元的课文,本单元的单元导语中明确指出语文要素:了解文章是怎样点面结合写场面的。尝试运用点面结合的写法记一次活动。同时,本课课后列出这样的问题:读读阅兵式的部分,说说课文是怎样描写这个场面的。结合单元导语,把学习运用点面结合的方法来进行场面描写作为本课的语用点,引导学生重点学习阅兵式这一段的描写,掌握点面结合的写作方法。

解析：

统编版语文教材从三年级开始，每个单元一般从阅读和表达两个方面各安排一个语文要素，每册有两个重点语文要素。每个单元的教学目标直接体现在单元导语中。每个课后思考练习题围绕着单元的训练要素出题，教学目标明确。每个单元语文要素的学习环环相扣，巧妙地将语文学习方法的掌握、语文能力的发展落到实处。

2. 从课后题提炼

案例1：

有些课文的课后思考练习题也体现和落实本单元的重点语文要素。二年级下册《蜘蛛开店》课后思考练习题：根据示意图讲一讲这个故事。它直接体现本单元的教学重点：借助提示讲故事。可以把借助示意图讲故事作为本课的语用点，教给学生讲故事的抓手和方法。

案例2：

例如，三年级下册第七单元第22课《我们奇妙的世界》，课后第一题是"说说课文分别从哪几个方面写了天空和大地"。问题表面上是引导孩子读懂课文内容，如果再结合单元语文要素，就不难读懂编者的意图，是让我们训练学生"了解课文是从哪几个方面把事物写清楚的"表达方法。这样就可以很明确地把"学习从几方面把事物写清楚"作为这一课的语用点。

案例3：

《穷人》是统编版语文教材六年级上册的一篇课文，是俄国列夫·托尔斯泰的一篇小说。课后有这样一道题目"从课文中找出描写人物对话和心理活动的句子，有感情地读一读，说说从这些描写中，可以看出桑娜和渔夫是怎样的人"。通过这样的题目，再结合单元导语的语文要素读小说，关注情节、环境，感受人物形象，就可以把学习通过人物的心理活动描写来塑造人物形象作为本篇课文的语用点。

解析：

统编版语文教材的课后题，既有引导学生对课文内容的理解，也有体现对学生学习表达上的引导。如果用心研读课后题，再结合本单元的语文要素，找共性、寻规律，就很容易整合提炼出某一篇课文的语用点。

3. 从提示语提炼

案例1：

三年级上册第六单元《富饶的西沙群岛》一课，在课文第五自然段后面出现这样的泡泡提示语"我发现这段话是围绕一句话写的"，以泡泡的形式提示学生关注关键语句，而其所在的第五自然段是总分段落结构，整段话都是围绕"西沙群岛也是鸟的天下"这个关键句子来写的。结合单元语文要素"借助关键语句理解一段话的意思"，可以整合提炼这篇课文的语用点是"学习围绕一个句子把一段话写具体"。

案例2：

统编版语文教材四年级上册《观潮》一课，在课文的第四自然段出现了这样的泡泡提示语："读这段话，我仿佛看到了潮水来时的样子，听到了潮水奔腾的声音。"同时，结合本单元导语中的语文要素"边读边想象画面，感受自然之美"，以及课后练习题"说说课文是按照什么顺序写钱塘江大潮的，你的头脑中浮现了怎样的画面，选择印象最深的和同学交流"，将本课语用点设为"结合文中景象描写，展开想象，描述画面"。

解析：

教材中有些课文会以学习伙伴的口吻，以"泡泡"的形式插入提示语。"泡泡"的内容有引导学生理解课文内容的，有引导学生展开想象的，也有引导学生体会文章特点的……这些形式的提问，都是为了帮助和引导孩子学会发现，学会思考。教师要做个有心人，结合单元语文要素，通过泡泡提示语整合提炼语用点。

4. 从《语文园地》提炼

案例1：

　　统编版语文教材三年级下册第八单元以"有趣的故事"为主题，编排了《慢性子裁缝和急性子顾客》《方帽子店》《漏》《枣核》四篇课文。从单元导语中可以知道"复述"是这个单元的语文要素。把复述作为单元语文要素进行集中学习，在教材中也是第一次出现。与第一学段的课文相比，这单元的课文篇幅都比较长，内容也比较丰富。那这单元每一课复述的具体要求和方法是什么呢？《语文园地》中的"交流平台"对本单元要用的复述的方法作了归纳和小结，引导学生在学习中运用。不同课文有不同的复述方法，根据"交流平台"可以把借助表格梳理故事内容，有序复述作为《慢性子裁缝和急性子顾客》这一课的语用点。把"引导学生借助相关图片和文字提示，按照地点变化的顺序有序进行复述"作为《漏》这一课的语用点。

┃ **交流平台** ┃

　　通过这个单元的学习，我知道了复述故事不是背诵文章，而是用自己的话把故事内容讲出来。

　　我会借助表格、示意图等，梳理故事的主要内容，这样就能按顺序复述，重要情节也不会遗漏。

　　以后，我也要用这些方法复述故事。

案例2：

　　统编版语文教材三年级下册第六单元编排了《童年的水墨画》《剃头大师》《肥皂泡》《我不能失信》四篇课文。单元导语明确告诉我们，这单元的语文要素是"运用多种方法理解难懂的句子"。"理解难懂的句子"第一次出现，《语文园地》中的"交流平台"则安排学生围绕"理解难懂的句子"的方法进行交流、梳理和总结。参考"交流平台"，可以把运用多种方法理解难懂的句子作为第18课《童年的水墨画》的语用点。

| 交流平台 |

我发现，理解难懂的句子和理解难懂的词语，方法比较相近。

结合生活经验，我理解了《剃头大师》里"这一会儿痛一会儿痒的，跟受刑一样"这句话，因为我也有过这样的经历。

联系上下文，我知道了"只见松林里一个个斗笠像蘑菇一样"，原来是在写小孩子们的样子。

理解难懂的句子，还可以查查资料，或者向别人请教。

解析：

从三年级开始，《语文园地》中的"交流平台"对重点学习方法进行回顾、总结，将语文学习方法的掌握、语文能力的发展落到实处。

把单元导语、课后思考练习题、交流平台、词句段运用等内容作为一个整体，这是统编版语文教材编排体系的一个特色。只要做到细心研读教材，结合课标、学情，选择合适的语用点就是水到渠成的事情。

5. 语用主题的取舍

（1）只取一个语用点。

案例1：

统编版语文教材三年级上册第三单元第8课《去年的树》，是新美南吉笔下的一篇童话，它通过对话展开故事情节，在教学时是把语用点定为感受童话语言简洁的特点还是定为学会讲述故事，体会鸟儿心情的变化，感受童话丰富的想象？先不着急做决定，一起看看中年级《语文课程标准》对阅读教学的要求：

① 用普通话正确、流利、有感情地朗读课文。

② 初步学会默读，做到不出声，不指读。学习略读，粗知文章大意。

③ 能联系上下文，理解词句的意思，体会课文中关键词句表达情意的作用。能借助字典、词典和生活积累，理解生词的意义。

④ 能初步把握文章的主要内容，体会文章表达的思想感情。能对课文中不理解的地方提出疑问。

⑤ 能复述叙事性作品的大意，初步感受作品中生动的形象和优美的语言，关心作品人物的命运及其喜怒哀乐，与他人交流自己的阅读感受。

深入研读课标要求，能帮助教师更快更好地找到整合教学的语用点。根据课标第5条"能复述叙事性作品的大意，初步感受作品中生动的形象和优美的语言，关心作品人物的命运和喜怒哀乐，与他人交流自己的阅读感受"，这一课的语用点定为"学会讲述故事，体会鸟儿心情的变化，感受童话丰富的想象"更合适。教学这一课时，可以让学生通过自主学习，提取信息，完成图表，梳理课文脉络，通过关键语段体会鸟儿的心情，走进鸟儿的内心世界；然后引导学生借助图标，按人物出场顺序来讲，讲清楚地点的变化，通过讲述故事来深入体会鸟儿的情感，感受童话丰富的想象。

案例2：

人教版六年级上册《北京的春节》是老舍的作品，他用"俗白"风格、京味的语言，描绘了北京春节的民风民俗。同时，文章按时间顺序从腊月初旬开始一直写到正月十九春节结束。这篇课文承载了很多语文要素，如文章有始有终、结构完整；段与段之间承上启下，紧密有序；内容详略得当，抓大略小；语言多短句，白描语等。如何在众多语用点中进行取舍呢？

确定一篇课文的语用点，在关注到学科课程标准的同时，还要考虑学情，以及教材所承载的核心教学价值。《北京的春节》的语言虽然具有一定的特色，但仅从一篇文章来感受老舍的语言特色，略显单薄，而且这种语言特色的感受与体味很难真正让学习落地。而对于段与段之间的承接关系，学生在中年级的时候已经接触学习了，没必要再学一次。本文另外一个最大的价值就是老舍在写这么多节日时，有详有略地安排材料，这个特点在本文中极为突出。同时，结合六年级学生实际，文章的谋篇布局、材料安排也是学习的重点。综上所述，可以把"学习作者有详有略的写作方法"作为本课的语用要点。

解析：

"一课一得"是著名教育家陶行知先生提出来的启发式教育的基本要求之一，意即：一节课让学生明白一个道理，掌握一种方法。这跟语文"主题教学"的理念高度吻合。"一课一得"可以扭转语文教师面面俱到讲语文的现象，让教师简简单单教语文。一篇课文，如果出现不止一个语用点，该如何取舍呢？这时需要教师有足够的勇气和智慧，在充分解读文本和学情的基础上，依纲扣本，筛选最有价值的知识点。

（2）不同语用点采用不同设计。

案例1：

赵州桥

语文"主题教学"学习单（一）

三年级下册第三单元第11课   课题《赵州桥》第一课时

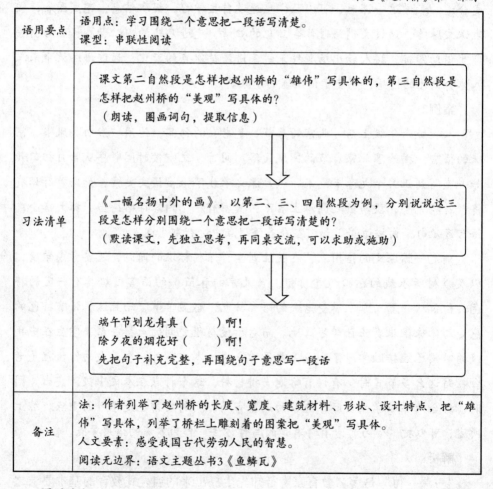

语用要点	语用点：学习围绕一个意思把一段话写清楚。 课型：串联性阅读
习法清单	课文第二自然段是怎样把赵州桥的"雄伟"写具体的，第三自然段是怎样把赵州桥的"美观"写具体的？ （朗读，圈画词句，提取信息） 《一幅名扬中外的画》，以第二、三、四自然段为例，分别说说这三段是怎样分别围绕一个意思把一段话写清楚的？ （默读课文，先独立思考，再同桌交流，可以求助或施助） 端午节划龙舟真（　　）啊！ 除夕夜的烟花好（　　）啊！ 先把句子补充完整，再围绕句子意思写一段话
备注	法：作者列举了赵州桥的长度、宽度、建筑材料、形状、设计特点，把"雄伟"写具体，列举了桥栏上雕刻着的图案把"美观"写具体。 人文要素：感受我国古代劳动人民的智慧。 阅读无边界：语文主题丛书3《鱼鳞瓦》

课后小记：_____。

语文"主题教学"学习单（二）

三年级下册第三单元第11课 　　　　　　　　　　　　　　 课题《赵州桥》第二课时

语用要点	语用点：以导游的身份向游客介绍赵州桥。 课型：生成性语用
习法清单	课文第二自然段是怎样把赵州桥的"雄伟"写具体的，第三自然段是怎样把赵州桥的"美观"写具体的？ （朗读，圈画词句，提取信息） ↓ 如果你是导游，你会怎样向大家介绍赵州桥？记得用上"世界闻名、雄伟、创举、美观"这些词语。 （先独立思考，再同桌交流，可以求助或施助） ↓ 你还知道哪些"我国宝贵的历史文化遗产"，根据你查找的资料，从中提取有用的信息，用几句连贯的话向别人介绍。 （根据事先查的资料，提取信息，同桌交流）
备注	法：引导学生抓住关键的词语和句子，重点理解和体会赵州桥的特点，运用给定的词语介绍赵州桥。 人文要素：感受我国古代劳动人民的智慧

课后小记：_____。

案例2：

少年闰土

语文"主题教学"学习单（一）

六年级上册第17课 　　　　　　　　　　　　　　 课题《少年闰土》第一课时

语用要点	语用点：借助课文学习通过典型事例塑造人物形象的方法。 课型：串联性阅读

习法清单	闰土给"我"讲了哪几件有趣的事情？ （朗读，圈画词句，提取信息）
	从这些事情中，可以看出闰土是怎样的一个孩子？
	《我的伯父鲁迅先生》用了哪些事例，是怎样刻画鲁迅的？
	用所学的方法，描写班级里特别热爱学习的同学，你会选取哪些事例？
备注	法：抓住事例中关键句子和关键词语，体会人物特点。 人文要素：表达了"我"对闰土的喜欢、佩服和怀念之情

课后小记：＿＿＿＿＿＿＿＿＿＿＿＿＿＿＿＿＿＿＿＿＿＿＿＿＿＿。

语文"主题教学"学习单（二）

六年级上册第17课　　　　　　　　　　　课题《少年闰土》第二课时

语用要点	语用点：抓住人物外貌特点，塑造人物形象。 课型：串联性阅读
习法清单	课文是怎样描写闰土的外貌的？ （朗读，圈画词句，提取信息）
	从这些描写中，可以看出闰土是怎样的一个孩子？
	《故乡》（节选）是怎样刻画老年闰土的外貌的，从中可以看出老年闰土是怎样的人？
	用所学的方法，描写班级一位同学的外貌。
备注	法：抓住外貌中关键句子和关键词语，体会人物特点。 人文要素：表达了"我"对闰土的喜欢、佩服和怀念之情

课后小记：＿＿＿＿＿＿＿＿＿＿＿＿＿＿＿＿＿＿＿＿＿＿＿＿＿＿。

解析：

统编版语文教材三年级下册第11课《赵州桥》，根据单元语文要素，可以把这一课的语用点定为"学习围绕一个意思把一段话写清楚"，根据课后题和学情，还可以把语用点定为"以导游的身份向游客介绍赵州桥"。不同的语用点有不同的教学设计。

同样的，《少年闰土》也是根据不同的语用点"借助课文学习通过典型事例塑造人物形象的方法"和"抓住人物外貌特点，塑造人物形象"分别进行不同的设计。

（二）语用主题的破解

一节语文课40分钟，有的老师竟然安排了七八个教学环节，看似内容紧凑，实则走马观花，教学目标太多，学生只是学过，并不是学会；也有老师聚焦语用，环节简约，但一节课下来学生却无法实践运用。问题在哪？教学没法，如何习法？一节学习语言文字运用的语文课，就是要教给学生语文能力，听说读写不能包括语文能力的全部内涵，它们只是一种外部形式，核心在于启迪学生运用语言文字这种工具进行思维的能力。语文学科更深层的本质，是语言和思维的统一。课堂教学中，要追求的不仅是学生学习的结果，而是将重点放在学生学习过程上。在阅读教学方面，逐渐摸索出三种课型：串联性阅读、生成性语用和方法联想课。

1. 串联性阅读

案例1：

秋天的雨

课型：串联性阅读。

语用点：学习围绕总起句把一段话说具体。

法：从不同角度抓住典型的事物围绕总起句把一段话写具体。

教学过程：

（一）复习导入

（略）

（二）粗读习法

1. 学习第二自然段

（1）指名一个同学读这一段，其他同学一边听一边圈画表示出秋天颜色的词语。

（2）出示图片：这么多的颜色，而且色彩明艳，我们可以用文中哪个词来概括？（五彩缤纷）

（3）小结：五彩缤纷就是指颜色多，而且鲜艳。刚才我们就是运用联系下文的方法理解五彩缤纷这个词语的意思的，在今后的学习中，我们可以采用这样的方法，理解一些难懂的词语。

（三）精读习法

（1）这一段写得太美了，不但景美，而且作者语言运用得也非常精妙、生动。仔细读一读这一段，细细品味，感受作者对秋天的喜爱之情。画出你最喜欢的句子，说说你的体会，有感情地读一读。

（2）（指名一位同学读第一句，其余同学读第2～6句）你发现了什么？

（3）学生汇报，认识总起句和总分段落。

（4）说说作者是怎样围绕总起句写具体的？

（5）小结：作者是围绕总起句抓住秋天有代表性的景物的颜色具体来写的。（如黄黄的银杏树、红红的枫叶……）

（6）默读课文第三、四自然段，选择其中一个自然段，细细品味。

①画出这一段话的总起句。

②思考：作者是怎样围绕总起句写具体的？

③画出这一自然段中你喜欢的句子，有感情地朗读并说明理由。

（7）学生独立学习，同桌协同学习，汇报。

（8）老师小结学法：作者围绕总起句分别从不同角度抓住典型事物来具体写。

（四）串读习法

（1）拓展阅读《秋之神韵》，以第三、四、五自然段为例，说说作者是怎样围绕总起句写具体的？

（2）学生先默读，再同桌协同学习，汇报。

（五）实践运用

以"校园真美啊"为总起句，把一段话说具体。

板书设计：

$$总分段落\begin{cases}总起句 \\ \\ 分述（具体写）\end{cases}$$

案例2：

月光曲

课型：串联性阅读。

语用点：学习作者在写实中进行恰当联想的表达方法。

法：

（1）抓住文中写实的句子和联想的句子学习写法。

（2）抓住三幅画面学习写联想的具体写法。

教学过程：

（一）粗读习法

（1）自由朗诵课文，思考：本文主要讲了一件什么事？

（2）交流汇报，指名回答。

（3）快速浏览课文，思考：课文哪些段落描写了月光？

（二）精读习法

1. 读句子，找出联想

（1）默读第九自然段，思考：哪些句子描写的是实在的事物，请用横线标出；哪些句子描写的是联想，请用波浪线标出。

（2）自我学习，小组交流，全班汇报。

（3）合作朗读：同桌合作，男女生合作，师生合作，分别读写实和联想的句子。

（4）小结：在这段描写中，作者在写实中加入了恰当的联想。（板书：写实联想）

2. 品语言，体味联想

（1）讲述：听到贝多芬的琴声联想到一幅幅画面，是什么样的旋律引发了联想？同学们，你想听听这首名曲吗？听音乐虽不是语文的事，但有助于语文的学习，让我们再来品味文字，去体味文字背后的音乐旋律。

（2）范读第九自然段，问：你听到了怎样的旋律？请结合关键词句来谈一谈。

（3）质疑启思：假如这篇文章不写联想的内容，只写现实的内容，效果会有什么不同？

（三）串读习法

（1）请同学们阅读《蒙娜丽莎之约》一文，用批注的形式标明文中的联想语句，写出你的感受。

（2）交流汇报，抓住联想语句畅谈感受。

（四）实践运用

（1）播放音乐《秋日的私语》，请同学们闭上眼睛，静静感受，听到音乐你脑海中出现了怎样的画面？

（2）把你联想到的画面，用一段话写出来。

（3）分享学生的片段习作。

板书设计：

月光曲

写实 —————→ 联想

（听到、看到）　（想到）

……　　　　　　……

案例3：

颐和园

课型：串联性阅读。

语用点：学习用移步换景的方法来记叙游览的过程。

法：

（1）画出作者的游览路线。

（2）抓住记叙游览过程的动词，学习用移步换景的方法来记叙游览的过程。

【教学过程】

（一）粗读习法

（1）讲述：同学们，在《长城》一课中，我们学习了由远及近的观察方法和由看到的到想到的表达方式。今天，让我们一起跟随作者的脚步，去游览一个大公园——颐和园。

（2）请同学们自由读课文，边读边思考：颐和园给作者留下了怎样的印象？用文中的句子来说一说。

（3）讲述：我们知道《颐和园》紧紧围绕美丽来写。作者在游览时是按照一定的游览路线游览的，而且非常注意用词和语句的连接。请同学们打开课本，画一画描写作者游览顺序的句子吧。

（3）汇报：大屏幕出示游览路线。

（4）小结：像这种按照游览的顺序边走边看，并且依次写出所看到的景物的表达方式就叫移步换景。

（二）精读习法

（1）请同学们再来读读这几个过渡连接句，找出表示地点转换的词语。

① 进了颐和园的大门，绕过大殿，就来到有名的长廊。

② 走完长廊，就来到了万寿山脚下，登上万寿山，站在佛香阁的前面往下望，颐和园的景色大半都收在眼底。

③ 从万寿山下来，就是昆明湖。

（2）抓住"进了、绕过、走完、来到、登上、下来、走过"等记叙游览过程的动词，学习作者移步换景的表达方法。

（3）现在请同学们选择一处自己喜欢的景点，找出你认为写得很美的句子，多读几遍并说说美在哪里。

（4）小结：同学们，刚才你们在读课文或谈感受时，都很注意抓住景物的特点来读，来谈，来感受颐和园美丽的景色。

（三）串读习法

我们领略了颐和园的美，接下来就让我们走进另外一处也被列入世界文化遗产名录的园林建筑——拙政园，看看作者又运用了哪些表示游览过程的动词，把每个景点连接起来，形成游览顺序。

（四）实践运用

同学们，现在到你们大显身手的时候了，请你们用移步换景的方法，带着我们去游览校园吧。

解析：

通过上述三个案例，可以看出串联性阅读的课型结构是粗读习法—精读习法—串读习法—实践运用。这一结构是串联性阅读课型的基本结构，在课堂实践中，可以在此结构的基础上，灵活运用，巧妙组合，做到课型不教条、不僵化。简而言之，这个课型的特点是有机整合，由读到用，举三反一。有机整合，就是把含有相同语文要素的文章进行整合，可以是一篇带一篇，也可以是一篇带多篇；这样的以文带文，既可以是带教材内的，也可以是带教材以外的。有机整合，目标集中，反复实践，迁移运用，可以产生1+1>2的效果。串联性阅读课型侧重读，以读代讲，读中感悟，教师要充分信任学生，放手让学生自主学习串读文章，让学生成为学习的主体。迁移运用粗读习法和精读习法环节中学到的方法，给学生提供自主应用阅读方法的机会。整合教学后，不仅学生阅读的文章（片段）增加了，这节课的语用更聚焦，学生经历了"认知—运用—实践"的过程，实现举三反一。串联性阅读课型强调内容整合和迁移运用，充分体现了深度学习的基本特征。通过核心问题的引导，看起来都是学生自己在活动，却真正体现了教师的主导作用——使学生成为教学的主体，学生稳步、扎实地学习教学内容，通过学习获得发展，使学习真正发生。

《秋天的雨》这篇课文最显著的特点是总分结构的构段方式，串联一篇同样含有总分结构构段方式的文章《秋之神韵》。在粗读习法和精读习法环节引导学生在品读中感悟文章第二、三、四自然段都是总分结构的构段方式，每个自然段开头第一句都是总起句，后面则围绕这个总起句具体展开描写。如何围绕总起句具体描写是这节课要教给学生的"法"。通过品读不仅让学生体会秋天的美好，而且要学习作者抓住秋天的有代表性的事物围绕总起句来描写具体的内容。在串读习法环节中，运用刚刚学到的"法"自主阅读《秋之神韵》，找出段落的总起句，并且说出每段分别是如何围绕总起句来具体写的。在实践运用这个环节，以"校园真美啊"为总起句，试着把一段话说具体。帮助学生亲身经历知识的发现和建构过程，使学生真正成为学习的主体。

《月光曲》聚焦一个语用点，用一篇课文串联另一篇课文，引导学生当堂实践运用，可以有效提高学生语言文字的运用能力。以人教版六年级上册《月光曲》一课为例，教师抓住学习写实中恰当运用联想的表达方法这一语用点作为本课核心教学内容。在初读习法这一环节，教师以月光作为此课的切入点，直接聚焦描写月光的段落，找出写实与联想的句子。精读习法时，通过多种形式的朗诵，体会写实中加入联想的表达之妙，并重点学习联想要写出画面感的方法。串读习法时，串联《蒙娜丽莎之约》一文，找出文中写实和联想的句子，深入内化此表达方法。实践运用环节，则用一首音乐引发学生的联想，并将想象的画面写出来。深度学习是充分发挥教师主导作用的教学活动，在这节课上，老师通过核心问题的设计积极发挥自己的主导作用，学生主动积极的深度学习就发生了。

《颐和园》这节课，教师抓住学习用移步换景的方法来记叙游览的过程这一语用点作为本课核心教学内容。在初读习法时，教师引导学生抓住作者游览颐和园的顺序，梳理游览的路线。精读习法时，教师引导学生抓住进了、绕过、走完、来到、登上、下来、走过等表示地点转换的词语，体会移步换景这种表达方法的密码。串读习法时，通过串联《拙政园》一文，让学生说一说此文是怎样用移步换景的方法来描写拙政园的，以此深化学习的内容。最后通过实践运用，让学生小试牛刀，用移步换景的方法来说说我们的校园，将所学联系生活实际进行知识的迁移运用，将学以致用真正落到实处。这样的学习不再是简单的浅表学习，学生通过认知规律，再到迁移运用，最后实践运用。将课堂的学习内容进行了有效的整合，学生在学习的过程中经历了建构和反思，并且最后实现了迁移和运用，将方法根植在学生心中，这样的课堂还缺乏深度吗？

2. 生成性语用

生成性语用的课型结构是品读悟法—模仿运用—变式运用—创造运用，这是此课型的基本结构，结合课堂教学的实际情况，执教者可以在此结构的基础上进行组合与整合，融会贯通，不拘泥于课型的框架中。简而言之，可以用12个字概括这个课型特点：实践习得，关注生成，举一反三。

生成性语用的课型尤其注重学生学以致用的思维，强调学生抓住教学内容的本质属性、全面把握知识的内在联系，并能够由本质推出若干变式的能力，并且每个环节的运用都是有进阶的，这是对学习内容的一种深度加工，培养学生的应用能力和创造能力，最后实现举一反三。

案例1：

黄山奇石

课型：生成性语用。

语用点：学习文中表达方式，引导学生展开丰富的想象，把一个事物说生动、说具体。

法：展开丰富想象，抓住动作描写，巧取名称，把一个事物说生动、说具体。

【教学过程】

（一）复习导入

（略）

（二）品读悟法

（1）自由读第二至五自然段。画出描写黄山奇石的句子。

（2）学生交流反馈。

（3）指导品读句子：仙桃石。

①指名读。

②提问：作者是怎样把仙桃石写生动、写具体的？

③分享交流。

④小结：作者展开了丰富的想象，用词非常精准，"飞""落"，体会两个动词的妙处。

（4）指导朗读："猴子观海"。

①出示文段，指名读。

②作者是怎样把这块石头写得活灵活现的？

③联系上下文理解陡峭的含义，引导学生感受这只猴子位置的奇特。（引导孩子读出画面感）

④小结：展开丰富想象，抓住动作描写，巧取名称。

⑤指导朗读。

（5）自学仙人指路、金鸡叫天都。

①自读自悟。（小组读，个人展示读，边读边想象画面）

②作者是怎么把仙人指路和金鸡叫天都写得生动具体的？

③学生自学，交流，指导朗读。

（三）模仿运用

（1）指名读最后一个自然段。其他同学认真倾听，画出这一段中提到的黄山奇石。

（2）作者在这一段中并没有具体写，请你模仿作者前文写仙桃石、猴子观海、仙人指路、金鸡叫天都的方法，在天狗望月、狮子抢球、仙女弹琴这几块奇石中选一块，说一说吧！

（3）学生思考，自由练说。

（4）分享交流。

（四）变式运用

（1）课文的最后一段中讲到"那些叫不出名字的奇形怪状的岩石，正等着你去给它们起名字呢"。（出示图片）这些奇石还没有名字呢！请你们选择一块奇石，学习作者的表达方法，展开丰富的想象，把石头说生动、具体，并给它们取一个好听的名字。

这块石头好像_____，它_____，这就是有趣的_____。

（2）学生自由练说。

（3）交流汇报。

（五）创造运用

（1）除了描写黄山奇石，我们还可以用这种表达方法写生活中的其他事物，如云朵（出示图片）。

（2）让我们运用今天所学的表达方法，展开丰富的想象，把云朵写形象、写具体吧！并给它取个好听的名字。

这朵云好像_____，它_____，这就是有趣的_____。

（3）学生自由练说。

（4）交流汇报。

（5）小结。

解析：

这节课的语用点是学习文中表达方式，引导学生展开丰富的想象，把一个事物说生动、说具体。首先通过引导学生品读课文第二至五自然段，体会作者是如何通过展开丰富想象，抓住动作描写，巧取名称这样的方法，把一块块奇石说生动、说具体。接着在模仿运用这一环节尝试运用刚才悟到的法，在天狗望月、狮子抢球、仙女弹琴这几块奇石中选一块，把它们说生动、具体。在变式运用这一环节提升了难度，让学生根据图片运用刚才学到的法，把没有名字的石头说生动、说具体，并给取一个好听的名字。最后出示天上云朵的图片，让学生运用这节课学到的方法，展开丰富的想象，把云朵写形象、写具体，并给它取个好听的名字。这就是创造运用。学生把握了本质便能举一反三，由本质而幻化出无穷的变式，实现迁移与应用。更重要的是，把握知识本质的学习过程，能够真正实现学生学会学习，加强学生与知识间的内在联系。

案例2：

荷叶圆圆

课型：生成性语用。

语用点：学习课文表达方法，仿照课文句式说话。

法：会展开想象，仿照课文句式说话。"荷叶是我的_____，_____在荷叶下_____。"

【教学过程】

（一）复习导入

（略）

（二）品读悟法

（1）自由读第二至五自然段，用"_____"画出每个小伙伴说了什么。

（2）学生交流反馈

①小水珠说："荷叶是我的（　　　）。"（板书：摇篮）

②小蜻蜓说："荷叶是我的（　　　）。"（板书：停机坪）

③小青蛙说："荷叶是我的（　　　）。"（板书：歌台）

④小鱼儿说："荷叶是我的（　　　）。"（板书：凉伞）

（3）指导品读句子

①指名读句子。

②思考：这四句话有什么相同的地方？（出示：_____说："荷叶是我的_____。"）

③它们分别把荷叶当成了什么？（板书：摇篮、停机坪、歌台、凉伞）

④它们都在荷叶上或荷叶下干什么？指导朗读，并板书：躺、立、蹲、游。

（三）模仿运用

（1）荷叶圆圆的、绿绿的，真美啊！瞧，把小蝌蚪也吸引来了呢。（出示图）请你发挥想象，小蝌蚪把荷叶当成什么呢？它在荷叶下干什么？请仿照课文的句式说一说吧。

小蝌蚪说："荷叶是我的_____。"小蝌蚪_____。

（2）学生思考，自由练说。

（3）汇报。

（四）变式运用

（1）美丽的荷叶还会吸引来哪些小伙伴呢？它们会在荷叶下或荷叶上干什么呢？请你发挥想象，也仿照课文的句式说一说吧？

　　　　　　　　说："荷叶是我的　　　　　　。"　　　　　　　　　　。

（2）同桌学习共同讨论。

（3）交流汇报。

（五）创造运用

在我们的生活中，像荷叶一样，能为他人带来方便和用处的事物有很多。瞧，在这幅美丽的图画中，请你展开丰富的想象，也仿照课文的句式选择一种事物说一说吧？

小鸟说："大树是我的　　　　　。"小鸟　　　　　　。

蝴蝶说："花儿是我的　　　　　。"蝴蝶　　　　　　。

白云说："蓝天是我的　　　　　。"白云　　　　　　。

小朋友说："书包是我的　　　　。"小朋友　　　　　。

解析：

这节课的语用点是学习课文表达方法，仿照课文句式说话。首先通过引导学生品读课文第二至五自然段，体会这四句话所含有的相同的句式。_____说："荷叶是我的_____。"_____在荷叶下_____。接着模仿这个句式，说说小蝌蚪把荷叶当成什么呢？它在荷叶下干什么？然后展开想象，美丽的荷叶还会吸引来哪些小伙伴呢？试着用这个句式说话。最后进入创造运用的环节，仿造句式，根据图片想象小鸟、小朋友等分别会说些什么呢？从这节课的设计不难看出，老师重点培养学生的迁移与应用能力，迁移是学习发生的重要指标，应用则是检验学习结果的最佳途径。在深度学习中，迁移与应用是重要的学习方式，从模仿运用到变式运用再到创造运用，有目的地培养学生的综合能力、创新意识，也是学生学习成果的体现。

3. 方法联想课

案例：

童话与反复结构

（一）以例说法

师生回顾《小壁虎借尾巴》一课，绘制结构图。说一说情节反复，说一说语言反复，揭示课题：童话与反复结构。

（二）方法联想

在已经学过的童话中，想一想哪个童话也是反复结构？先绘制结构图，再和同桌说一说情节反复、语言反复。

（三）方法畅想

不限课本、也不限童话，想一想哪篇文章也用了反复结构这种方法？

（四）用法创文

用反复结构这种方法，试着改写《小壁虎借尾巴》或者《去年的树》或者……

解析：

好的教学，让学生不止看见树，更要看见整个森林。思维的迭代升级让学生不止会举三反一，更要会举一反三、三生万物。方法联想课有两个基本点：仰望星空与脚踏实地。以《小壁虎借尾巴》为例说明反复结构这一方法后，先让学生去联想教材中反复结构的童话，再让学生去联想教材外反复结构的童话或者文章，学生的学习不再是局部的，眼界不再是局限的，这属于仰望星空。之后回归常态教学，让学生运用反复结构这一方法去改写童话，形成真真切切的语言实践能力，这属于脚踏实地。

二、听课革命，促进学的变革

（一）课堂观察的视角

1. 从看老师变为看学生

传统的听课，教师将观察的焦点主要集中在执教者身上，只关注教师教得怎样，而忽视了学生的学。基于深度学习实验的课堂观察，把焦点落在学生的身上，通过对学生当堂学习行为的观察反观课堂教学。课堂观察主要关注学生是如何学习，会不会学习，以及学得怎样，这与传统的听课主要关注教师单方的行为截然不同。课堂教学中，学生是学习的主体，只有学生的学习真正发生，课堂教学才是有效的。

2. 从看场面变为看焦点

传统的听课，教师坐在教室的后面，除关注教师的教以外，更多的是观察课堂的整个场面。而在课堂观察时，教师是坐在一个学生或一组学生身边，位置的转变将老师观察的视野从课堂的场面转移到焦点学生的学习情况上。观察和记录焦点学生学习行为，对其学习状况进行分析和研究，并在此基础上改善教师的教学设计，从而促进教师课堂教学水平的提升。

（二）课堂观察点的确定

课堂教学的过程是变化的过程，要想从课堂观察中有所收获，完成课堂观察的观察期待，观察点的确定十分重要。通过课堂观察的实践与尝试，发现教师可以从观察目的、观察对象的选取等角度来确定观察点。

1. 明确观察目的，引发观察期待

在实际的课堂中，许多教师不知道自己为什么要做课堂观察，漫无目的地走进课堂，即使有真正可观察的对象或事件，也可能会错过。因此，在走进课堂之前，教师先要明白自己期待在课堂上会发生些什么？以此为基准找寻到合适的观察点，让课堂观察更有价值。

2. 观察者的选取，要随机应变

在课堂观察的实践中，我们发现观察对象的选取很重要。在实际的观察

中，要选取可观察、可记录、可解释的观察对象来进行观察。在观察的过程中，也要随机应变，发现观察点不利于进行观察时，要灵活改变观察对象，使课堂观察能够得以顺利进行。

（三）课堂观察的内容

判定学习是否真正发生，我们通过对学习内容、学习方式、学习过程、学习结果的聚焦与观察，从一个或几个学生的系列活动与表现中，看学习是否真正发生，从而反观教学，调整策略。基于深度学习实验的语文"主题教学"的课堂，主要从两个方面进行课堂观察。

1. 在学习内容方面，看学生是否把握了本质与变式

本质是事物的根本性质。变式是通过变更对象的非本质特征的表现形式，让学生在变式中思维，从而掌握事物的本质与规律。从语文学习的角度来看，每篇课文所呈现出的最根本的知识点，即是学生课堂上要掌握的语文要素，也就是学习内容的本质。

基于深度学习实验的语文主题教学，是以"语用"为主题，强调"一课一得"，每篇课文设计一个语用点作为本节课的核心知识，这一语用点就是当堂学习内容的本质。基于深度学习实验的语文主题教学，更加注重教学的精、深、简，反对泛、浅、杂的教学设计。因此，在课堂观察中看学生是否能够当堂把握本质知识，并在变式学习中可否准确运用，以此作为判断学习是否真正发生的标准。

案例1：

盘古开天地

《盘古开天地》课文所在单元是以神话故事为内容的一组课文。执教者力求通过《盘古开天地》这样一篇课文内容，让学生对神话故事有更清楚的认识。因此，执教老师把这节课的语用点设为：学习神话故事具有"神奇的想象"这一特点。课堂上，教师设计了这样一个环节：请同学们找出文中想象非常神奇的句子。在这一环节中，教师给了学生充分的时间，让学生与文本进行对话。听课教师集中观察了三个学生的学习活动，记录如下：张同学看了一遍课文，思考后用尺子画了"有个叫盘古的巨人，在混沌之中睡了一万八千年"。李同学画了"他呼出的气息变成了四季的风和飘动的云；他发出的声音化作隆隆的雷声"。杨同学和李同学画了相同的句子。通过观察，发现学生在与文本的对话中，找到了文本表达的密码。接着，教师放手让学生阅读《女娲补天》，同样找出想象神奇的句子，三个学生从课文中迅速画出"五彩石找齐了，女娲在地上挖个坑，把五彩石放在里面，用神火进行冶炼"。杨同学画的句子虽不完整，但也有想象神奇的句子。

案例2：

月光曲

以人教版六年级上册《月光曲》一课为例，教师抓住"学习写实中恰当运用联想的表达方法"这一语用点作为本课核心教学内容。教学时，教师先让学生直接找出描写月光的段落，读一读，找出写实与联想的句子并用直线和波浪线画出来。观察对象——学生辉准确找到了相关的段落，认真读了一遍，用横线画出了听着、看看，并在好像和仿佛下面画上了波浪线。接着他又小声地读了起来，读着读着拿起笔在"皮鞋匠静静地听着""皮鞋匠看看妹妹，月光正照在她那恬静的脸上，照着她睁得大大的眼睛"下面画上了横线，在其他的句子下面画上了波浪线，接着得意地看了看同桌。当教师请大家汇报时，他自信地举起了手，说出了自己画的结果。接着教师组织学生用多种方式朗读写实与联想的句子，说说自己的理解。辉先听了前面几位同学的回答，然后默读了一遍后举手说："我发现联想的句子前面有好像和仿佛这样的词，这些词后面的内容是想象出来的，是作者面对大海时脑中联想到的景象。是贝多芬的曲子弹得太好听了，才使皮鞋匠有了这些想象，说明贝多芬的曲子让他陶醉了。"紧接着教师给出课外串读课文《蒙娜丽莎之约》，请学生找出文中写实和联想的句子。辉读了两遍之后很快找出了联想的句子，还在旁边批注"画面丰富，妙不可言"。最后教师播放一首音乐，请学生写出自己听到音乐后想象的画面。辉写了整整一段，而且语句生动，画面感十足。

案例3：

海底世界

统编版语文教材三年级下册《海底世界》一课，教师确定这一课的语用点是"从几方面把事物写清楚"。教师首先品读课文，看看本课主要写了海底世界的什么特点？接着让学生再读课文，并小组讨论：围绕这两个特点，作者都写了些什么？观察对象——学生芳先开始读课文，接着她又认真读完了第二自然段，然后圈出了风浪和阳光两个词，转过头对同伴说："这一段好像主要写了风浪和阳光。"同伴看了她一眼，没有回应。于是芳拿起书再次读起第二自然段，然后在书旁写下"光"字，接着开始读第三至六自然段，分别写下声音、动物、植物、物产。当小组讨论的时候，芳说出了自己的想法并主动申请代表小组汇报。当老师点到她所在的小组后，芳大声发言。有同学点评说同意芳的说法，芳很高兴地看了看小组长，一副很开心的样子；当有小组汇报说第二自然段是写光线时，芳在书上补充写下阳光。通过交流，老师引导归纳了方法，并布置学生读第24课《火烧云》，思考课文是怎样把火烧云写清楚的？芳先读了两遍课文，然后圈出"变化多端"一词，接着又读了第二自然段，在旁边批注"颜色变化多，形状变化快"。

解析：

案例1中，课堂观察时聚焦几个学生课堂的行为，被观察的3个学生在充分读课文后能画出想象神奇的句子，即掌握了这一节课的语文要素，把握了本节语文课学科知识的本质。在掌握了神话神奇这一本质的知识点后，教师给出另一篇神话故事——《女娲补天》，让学生找出想象神奇的句子。这是本节课"神话故事具有神奇的想象特点"的变式。课堂观察学生的学习行为，两位同学能正确地找到相关的句子，杨同学虽然画得不完整，但也能找出想象神奇的句子。可见学生跳出文本，在新的情境中也能很快找出故事中具有神奇想象的句子，深入理解了文本内容的语用点，已从浅表学习的理解走向深层学习的应用。

案例2中学习写实中恰当运用联想的表达方法是语用点，教师先引领学生与文本进行对话，以月光作为文本对话的切入点，直接聚焦描写月光的段落，找出写实与联想的句子。辉的表现是找、读、画、思、读，继而得意地举手汇报，他已经走进文本，对文本进行了解读；接着教师让学生通过多种形式的朗读，体会写实中加入联想的表达之妙，辉有倾听、有朗读、有交流。独特的理解正是辉思维发展的表现。紧接着教师串联《蒙娜丽莎之约》，让学生找出文中写实和联想的句子，深入内化此表达方法。而辉不仅找得准确，而且还做了批注。当堂进行实践运用时，辉能创造一个新的文本内容，迅速地把想象的画面写了出来。这是充分把握语用点本质与变式后的再创造，学习已悄然发生。

案例3中的芳同学在读文习法的环节，先读文，然后写下关键词，并试着与同伴交流，然后代表小组汇报，在倾听他们汇报后能补充做笔记，从她的行为可以看出她在积极地参与读文悟法、倾听习法。后来教师组织归纳：要把一个事物写清楚，先要找出事物的特点，紧紧围绕特点从几个方面来把一个事物说清楚。然后当堂学以致用，让学生自己默读第24课《火烧云》，思考课文是怎样把火烧云写清楚的。芳不仅能够先准确地找出火烧云变化极多、极快的特点，还能概括作者是从颜色和形状两个方面把火烧云变化极多极快的特点写具体的。这是在充分理解了语用点的本质之后，在新的文本中的迁移运用，可见她在学习内容方面，掌握了本质和变式。

从这些例子，不难看出，课堂观察聚焦了学生的学习活动，观察学生在学习内容时是否能抓住学科的本质，是否能进行变式学习，从而印证了教学环节的设计是否基于学生学情，是否合理有效。要通过课堂观察，从学生的行为与表现中分析学生是否向深层学习靠近，学生的学习能力是否得到提升。

2. 从学习结果方面，看是否学会迁移与运用

学以致用是学习的目的，只有把所学的内容迁移到实际中去运用，学习才是有效的学习，才是真正落地的学习。

基于深度学习实验的语文"主题教学"，主要有串联性阅读和生成性语用这两种课型，而在这两种课型结构中，都设计有迁移运用环节，即学生当堂将所学的内容进行运用。因此，课堂观察中，可将此教学环节作为重点观察，从学生的行为判断学生是否能将所有的知识进行迁移运用，甚至创造性生成，以此来确定学习是否发生，从而反思教师的教学设计是否合情合理。

案例1：

鱼游到了纸上

《鱼游到了纸上》一课，执教者将"让学生学会人物动作与神态描写，并当堂练写"作为本课的语用点。教学时，教师引导学生抓住聋哑青年看鱼时"呆呆地""工笔细描""挥笔速写"等关键词了解何为神态与动作。课堂上，学生学习也比较积极、投入，可见，学生对本课的本质知识掌握得非常到位。在迁移运用环节，教师这样设计：请同学们仔细观察课文一幅图，想象当时的情况，选取一个人物，写一写他当时看青年画鱼时的动作和神态。

聚焦观察的一个小组（5人），一人写了半句话，一人写了一句话，其余三人玩笔，发呆，七分钟过后仍不能下笔，由此可见知识迁移运用没落实到位。到底是什么原因让学生的学习没有发生？深度观察，反思这节课，发现迁移运用环节，教者是通过一幅静态的画让学生去观察联想人物动作和神态的。用这样的支撑点让学生来描写人物的动作和神态，显然是达不到效果的。看图写文的关键是引导学生展开想象，能从静态的画面中想象出动态的画面，与本节课的语用点无法对接。要想将文本中所学到的表达的密码，灵活应用并创造表达出一个新的文本内容需要很恰当的链接。将学生从浅层学习引领到深层学习，更需要智慧的桥梁。经过剖析，教师找到了问题所在，于是可以有针对性地调整教学设计，这也是课堂观察的价值所在。

案例2：

北京的春节

六年级下册《北京的春节》一课，教师与学生一起探索体会：作者用三个方法把活动写详细。接下来设置情景：你喜欢哪个节日？写一个片段介绍给外教老师，选这三种方法的一种来写。

黄老师巡视，随即聚焦五人：雨菲从声音、品种等写过年放鞭炮（仿元宵）；凯文写除夕夜男人、女人和小孩的活动（仿年初一）；凯源写花市里的小贩和小孩子的表现（仿年初一）；小潼、小然两人都写八月十五月饼材料、味道、做法等（仿元宵）。虽然小然写端午粽子没写完，但五人中有四人当场就学会了其中一种方法的迁移，当堂小练笔写得很好。可见，从语文课堂迁移运用的环节来观察学生的学习情况，可以发现学生能否从浅表的文本理解走向深层的创造表达，学生的深度学习能力是否在提升。

案例3：

翠 鸟

在上《翠鸟》一课时，学生通过"一双红色的小爪子""一双透亮灵活的眼睛""一张又尖又长的嘴"归纳出描写动物外形的小窍门：抓住动物特点，运用量词、修饰语等将特点写清楚。运用所学方法进行说话练习：乌龟背着一个坚硬的外壳_____。接着通过翠鸟羽毛的描写，教师引导学生进一步总结出描写动物外形的方法二：按照顺序描写，运用比喻手法。学生运用此方法，再次练习表达：孔雀的羽毛真漂亮！_____。

本节课聚焦观察的一个组（4人），第一次迁移运用：乌龟背着一个坚硬的外壳_____。4个孩子基本能按照方法写出来，都能抓住乌龟的龟壳和四肢短这两个特点，其中三个孩子能运用恰当的量词和修饰语将特点写具体。有了第一次实践，第二次的迁移运用学生花费的时间相对少了，四个孩子基本都能按照顺序，用上比喻手法把孔雀羽毛说具体。从这节课学生两次学习运用及学习结果，可以看出学生掌握了"法"，学会了迁移与运用，学生深度学习能力有所提升。

解析：

深度学习是一种基于理解的学习，强调学习者批判地学习新知识和思想，并把他们纳入原有的认知结构中，在各种观念之间建立多元联系。深度学习与浅层学习的一个重要区别就在于是否能够利用知识运用到新情境中解决问题。上述三个案例，都是读文习法，学法即用，从学生的表现可以看出，学生都是在充分理解的基础上习得方法，然后在新的情境中，通过模仿均有创造。这种带着目的的课堂观察，除了确定观察对象，还可以选取关键环节进行重点观察。通过观察学生能否将所学的知识进行迁移运用，来反观教师的教学设计中核心环节的设置是否有利于帮助学生提升深度学习能力。

三、思想赋能，促进场的变革

（一）阅读无边界

1. 整本书阅读

《语文课程标准》指出：培养学生广泛的阅读兴趣，扩大阅读面，增加阅读量，提高阅读品味，提倡少做题，多读书，好读书，读好书，读整本书。还指出小学六年课外阅读总量不少于100万字，可见阅读的重要性，而读整本书更是重中之重，是学生形成语文素养的关键所在。

基于深度学习实验的语文主题教学，大力倡导整本书阅读，将学生的阅读由单篇的、零散的阅读引向深度的整本书阅读。在实践中摸索与反思，不断总结方法，并从中梳理出行之有效的策略。

（1）整本书阅读推荐路径。

① 由教材引发。人教版《冬阳·童年·骆驼队》一课是《城南旧事》一书的序言，因此教学时，教师以此课作为整本书阅读的激趣课。课堂上通过调动学生的情绪，引发学生想象《城南旧事》一书讲述了怎样的童年生活，让学生带着疑问及求知的欲望走进《城南旧事》。人教版语文教材中类似这种从整本书中可摘录或关联的课文有很多，如表1-2-1所示。

表1-2-1　人教版小学语文教材引发阅读书籍摘选

教材内容	整本书阅读书名	策略点
《草船借箭》	《三国演义》	分析人物形象、品析关键情节
《临死前的严监生》	《儒林外史》	分析文本内容、概括人物特点
《最后一头战象》	《第七条猎狗》	品析关键句子、进行想象表达
《刷子李》	《俗世奇人》	品味语言特色、概括人物特点
《跨越百年的美丽》	《居里夫人自传》	品析人物品质、挖掘文本主题
《祖父的园子》	《呼兰河传》	品味语言特色、展开丰富联想
《蟋蟀的住宅》	《昆虫记》	品味语言特色、展开丰富联想
《卡罗拉》	《爱的教育》	品析人物品质、感悟文本主题
《金钱的魔力》	《百万英镑》	品味语言特色、概括人物特点

② 由教师推荐。除了由教材引发的整本书阅读之外，还有教师结合学生的年龄特点而进行的整本书推荐。如表1-2-2所示。

表1-2-2　五年级教师推荐阅读书目一览表

整本书阅读书名	主题关键词	策略点
《假如给我三天光明》	教育、爱	分析人物形象、引发情感共鸣
《草房子》	童年、纯情	品析关键情节、了解人物形象
《金银岛》	历险	关注情节发展、呈现独特见解
《王子与贫儿》	命运	梳理文本脉络、提取关键信息
《青铜葵花》	亲情、生活	品析关键句子、进行想象表达
《雾都孤儿》	命运、挫折	品析关键情节、了解人物形象
《童年》	成长	抓住关键情节、了解人物命运

（2）整本书阅读教学策略。语文课程的实践性很强，语文素养的提升有赖于大量的阅读积累。部编教材在小学教材中设置了"快乐读书吧"栏目，从低年级就开始培养学生的阅读兴趣。基于深度学习实验的语文主题教学对整本书阅读的教学策略进行了梳理，主要有读前激趣导学，读中推进提升，读后交流品评三个方面：

① 读前激趣，引发期待。整本书阅读之前的导读课，重在激发学生阅读的兴趣和愿望，在实践中形成了导读课的一些教学路径：

从课文入手，引发阅读期待：唤起学生阅读的兴趣是引发学生阅读期待的关键，以《俗世奇人》这本书为例，在读前的导学课中，教师通过教材《刷子李》一课，用串联性阅读的策略，将《刷子李》《泥人张》《苏七块》《张大力》几篇文章进行整合教学，在学生充分感受《俗世奇人》中的人物之奇以后，再推出《俗世奇人》这本书，告诉学生们，这些奇人都出自这本书，而且书中还写了很多这样的奇人物，在他们身上又发生了什么奇特的事呢？以此引起学生的兴趣，让学生对书中的内容充满期待，从而产生"我想读、我要读"的强烈阅读意愿。这种将课内外的文和书进行整合，借助课文内容激发学生去阅读整本书的兴趣，课上通过教学教会学生阅读的方法，巧妙地将学生的阅读延伸至课外整本书，使学生习得方法后能进一步巩固应用，同时也能开阔学生视野，增加学生阅读量。

从作者入手，引发阅读期待：教师在引领学生进入整本书阅读之前，可以和学生们一起走近作者，了解作者的生平事迹、写作背景，以激发学生的阅读期待。以《假如给我三天光明》一书为例，此书的作者是盲聋人海伦·凯勒。为了激发学生读此书的兴趣，教师可以先介绍海伦·凯勒的生平事迹，讲述海伦·凯勒出生后的小故事，用作者身上真实发生的事迹来触动学生的心弦。当学生对海伦·凯勒有了了解之后，内心的崇敬之情油然而生，此时再向学生推荐阅读海伦·凯勒的《假如给我三天光明》一书，就能引起学生强烈的情感共鸣，读书的兴趣自然高涨，阅读的效果也会事半功倍。

从封面入手，激发阅读兴趣：从书的封面入手初步建立儿童与书的联系，激发学生内心的阅读兴趣是整本书导读课的常用策略，特别是在绘本阅读中，用封面来唤起孩子的兴趣尤为重要。以《城里最漂亮的巨人》绘本为例，老师引导学生捕捉封面图画信息，引导学生看图思考：你觉得这个巨人哪里漂亮？你心目中漂亮的巨人是怎样的？学生通过看图猜、结合生活经验谈，教师趁机引导：让我们带着这两个问题去读一读这本书，相信你一定可以找到答案，以此激发学生阅读期待。

从人物形象入手，引发阅读期待：《水浒传》中的人物形象众多，豹子头林冲、智多星吴用、及时雨宋江等都是脍炙人口的人物形象。每个人物形象都有脍炙人口的绰号，以此作为激发学生阅读的兴趣点，也是有效的策略。课堂上，教师可以让学生来个比赛，看谁知道《水浒传》中的人物和绰号多，还可以让学生讲述所知道的某个人物的故事，以此调动学生的兴趣。

从影视作品入手，引发阅读期待：许多耳熟能详的影视作品都是来源于优秀的文学作品，从学生们熟悉的影视作品入手，引发学生阅读的兴趣，是很有效的方法。例如，学生们特别喜欢的电视连续剧《西游记》。教师可以此入手，来激发学生读整本书的兴趣。

② 读中推进，再次提升。整本书阅读时间跨度长，内容范围广，学生容易出现阅读懈怠，这就要求教师应具有读者意识和研究者意识，自己先深入研读作品，然后再用巧妙的设计和理性的任务驱动，持续有效地推动整本书的阅读。

读书笔记或摘要：学写读书笔记是课标对高年级学生的要求。教师要求学生将自己阅读过程中的感受与思考，书中出现的优美词语、精彩片段写成读书笔记，以便学生养成边读边想、边摘边悟的阅读习惯。这些读书笔记可以成为学生日后反刍积累的材料。除了写，还要教会学生在书上直接做批注等符号记录。比如，在你认为有趣的地方画笑脸，认为有爱的地方画爱心，有疑问的地方写上几个词语等。

思维导图：思维导图是一种将放射性思考具体化的方法，用思维导图梳理整本书，有利于学生更加清晰地归纳出故事的内容和精彩要点，促进学生达到高效的阅读效果。

例如，阅读《鲁滨孙漂流记》，引导学生阅读故事梗概，做一份鲁滨孙漂流地图。再如，阅读《西游记》，引导学生做一份唐僧西天取经的路线图。读巴金的《家》《春》《秋》，引导学生做一份人物关系的关系图。读《岳飞传》，引导学生以岳飞的一生为时间线索，用鱼骨图呈现岳飞一生的主要事件。

③ 读后内化品评。整本书阅读后交流分享，是深入内化的一个过程，学生在交流品评中，思想得到了升华，思维得到了进一步提升。通过开展阅读汇报、分享、展示、讨论和交流，来相互学习和借鉴。

2. 群文阅读

在知识爆炸的今天，改变命运的不再是知识的数量这一维度，更重要的是认知的深度。我们力求通过群文阅读引领，让每一个孩子从浅表的阅读走出来，挖掘阅读的深度，学会运用阅读策略，在享受阅读的过程中有所思考，有所发现，学会在阅读中寻找规律性的事物，形成高阶思维能力。群文阅读不仅对学生的思维发展有利，还对其高阶思维的发展有独到的作用。

基于深度学习实验的群文阅读教学，正是基于对学生高阶思维的发展，寻找文本中最具核心价值的语文要素，以此作为策略点，将课内外多篇文章串联起来整合阅读，将学生的阅读思维引向深处。

基于深度学习实验的群文阅读内容，一方面由教材引发，整合课内外文章，另一方面由教师推荐，结合教学实际整合内容。基于学生在群文阅读中的主要学习经历，以举三反一式的课型作为群文阅读的基本课型。

（1）群文阅读的推荐路径。（见表1-2-3、表1-2-4）

表1-2-3　教材引发的群文阅读表

教材篇目	课外文章	策略点
《杨氏之子》	《能言善辩的纪晓岚》《唐伯虎祝寿》	语言得体的妙用
《小壁虎借尾巴》	《渔夫和金鱼的故事》《七颗钻石》《一粒种子》	学习童话中的情节反复
《鲸》	《猫头鹰》《太阳》	学习说明方法

表1-2-4　教师推荐的群文阅读

策略点	篇目
正话可以反说	《话剧观众须知二十则》《父亲的爱》《培养不孝儿女七招》《我的傻瓜妈妈》
经典动物故事的结局	《遛蹄的野马》《泉原狐》《信鸽阿诺》《威尼佩格狼》
小小说的意外结局	《在柏林》《窗》《雪夜》《最后一只乌鸦的最后一句坏话》

（2）群文阅读的教学策略。聚焦一个策略点，用一篇课文串联多篇文章，引导学生发现文本特点及规律，可以有效提高学生深度阅读的能力，促进思维能力的发展。"一篇串联多篇"是以教材中的一篇课文作为核心内容，在教学时，在"一"字上多下功夫，在学习课文内容的同时，融入学生学会学习和提高能力的方法，以此为"多"的学习打下坚实的基础。这样的教学适用于文本内容结构一致的一组文本，或者形式结构比较一致的一组文本。（见表1-2-5）

表1-2-5　句式反复阅读表

文本	重复出现的句子	重复的次数	表达的情感
《这片土地是神圣的》			
《我的老师》			
《我很重要》			
《三个人一双眼睛》			

解析：

　　《这片土地是神圣的》《我的老师》《我很重要》《三个人一双眼睛》这一组文章，其中《这片土地是神圣的》是教材中的课文，《我的老师》《我很重要》《三个人一双眼睛》是课外的文章，之所以将这些文章整合起来，是因为这些文章在表达上有一个共同的特点，每篇文章都有一句话反复出现，而这一表达方式，细细品味会发现其中的意味深长。在此组群文的教学中，我们以课本中的《这片土地是神圣的》作为教学引领，紧紧抓住"如果我们放弃这片土地，转让给你们，你们一定要记住：这片土地是神圣的"这一反复出现的句子，让学生体味这种一咏三叹的表达，让情感表达得更强烈，对文章主题的深化起到推进作用。然后，带着这样的学习所得去阅读另外三篇具有相同表达形式的，深入体会思考这种表达带来的效果。这样的阅读策略将学生由零散的阅读引向有方法的深层阅读，使阅读有聚焦，有思考，有深度，有提升。同时，学生在阅读学习中，可以运用图表的方法，将这一特征表现出来。（见表1-2-6）

表1-2-6　神话故事阅读表

篇名	人物形象	富有神奇想象的句子
《盘古开天地》		
《女娲补天》		
《哪吒闹海》		
《普罗米修斯》		

解析：

　　《盘古开天地》《女娲补天》《哪吒闹海》《普罗米修斯》这样一组神话故事，以《盘古开天地》一课作为阅读引领，教师抓住"神话具有神奇的想象"这一策略点作为核心教学内容。教学中，教师以"寻找具有神奇想象的句子"作为此课的切入点，直接聚焦极富想象的句子，通过多种形式的朗诵，体会神话故事的表达特点。紧接着串联《女娲补天》《哪吒闹海》《普罗米修斯》多篇神话故事，找出极富神奇想象的语句进行品读，以此深入内化神话故事的语言表达特点。学生通过多篇神话故事的学习，不仅知道了什么样的故事是神话故事，更找到了神话故事的语言密码，为学生今后的创作表达提供了支撑。同时，也可以运用阅读图表，引领阅读，如表1-2-7所示。

表1-2-7 借物喻人阅读表

文本	所写的物	所喻的人	物与人的相通点
《落花生》			
《白杨》			
《高粱情》			
《桃花心木》			

解析：

《落花生》《白杨》《高粱情》《桃花心木》这一组文章，以借物喻人作为策略点整合阅读。《落花生》一课是四年级课文内容，也是学生第一次接触借物喻人的写作方法，因此，教学时，以《落花生》作为典型课来教学，让学生明白，物之所以可以喻人，在于物和人有着共同的特征，通过写物从而可以更好的喻人。紧接着出示群文阅读的文章和借物喻人阅读表，引领阅读。借助这样一组课文内容，举三反一，使学生对借物喻人的表达方法，有了深入的认知，为今后的阅读与写作做好铺垫。

深度学习实验下的整本书阅读和群文阅读，以阅读为支架，将学生的思维引向深处，将学生的学习由浅显、粗略、繁杂的浅表学习逐步引向聚焦、精深、专一的深度学习，让学生深度学习的能力在潜移默化中日渐提升。

（二）慢下来，让思维发酵

构建深度学习的课堂，更加关注学生的思维品质。以文本内容为凭借，引领学生探究文本背后蕴含的思维内涵。课堂上，勇于慢下来，给学生思维发酵的过程，才能让学生的思维真正走向深度与广度。如何让课堂慢下来，基于深度学习实验的语文主题教学可从两方面进行尝试。

1. 慢在疑处，助推思维的深度与广度

学贵有疑，小疑则小进，大疑则大进。质疑可以促进学生主动探究、敏于发现，激活学生的思维。课堂上，学生在学习的过程中出现了疑问，特别是学生主动发问，这正是学生的真疑惑，是学生深入思考而无法解决的困惑。教师要善于把握时机，让课堂慢下来，用学生的疑惑助推学生思维的发酵。

案例1：

《杨氏之子》片段

生1：老师，文末最后一句怎么读？我们小组在朗读时发生了疑问。

生2：我认为应该这样读，未闻\孔雀\是夫子\家禽。

生3：我觉得他这样读不对，应该是未闻\孔雀\是夫子家\禽。

生1：我觉得第一种读法是正确的，因为家禽是一个词，要连起来读，家禽就是指鸡鸭鹅。

生3：不对，这里不是指鸡鸭鹅。不能这样读。

师：同学们，同意第一种读法的请举手。同意第二种读法的，请举手。好，看来同学们在这里出现了疑问，到底哪种读法是正确的呢？请同学们结合书下的注释再来讨论讨论，说出理由。

……

教师给学生充分的时间再来探讨这个问题，让课堂在此处慢下来。

师：同学们，这句到底怎么读，大家讨论的结果怎么样？

生1：老师，刚才我们结合了书中的注释，重新讨论，我们认为第二种读法是正确的。"夫子家"是一个意思，"禽"字是一个单独的词，是鸟的意思。

生2：是的，所以第二种读法的停顿才恰当。

生3：我们发现古文中字的意思和现在的意思有时是有差别的。

师：同学们，你们的发现真有价值。

案例2：

《闻官军收河南河北》片段

师：同学们，我们接着来说一说你的理解。

生1："却看妻子愁何在，漫卷诗书喜欲狂。"就是说，看见妻子忧愁已经没有了，随手卷起诗书，欣喜若狂。

生2：我有不同理解，我觉得这里的"妻子"是妻子和儿子，不能只是指

妻子。

生3：我也有不同理解，在古代"子"是子女的意思，不能只说是儿子，应该是指妻子和儿女们。

生1：我不同意他们的意见，虽然，在古代妻子有"妻"和"子"两个意思，但结合古诗词本身的意思，这里就是指妻子。

生3：不只要从古文的意思来看，还要从作者的生平来看，杜甫有儿有女，所以，这里的"妻子"是指妻子和孩子。

师：看来同学们在"妻子"这个词产生了疑惑，大家各有各的看法，让我们从古今文的对比、诗词的背景、作者生平几个角度来一次探究，看看这首诗的"妻子"到底指什么呢？

……

教师在学生质疑的地方，将课堂慢下来，让学生再次就这个问题进行探究。

解析：

案例1《杨氏之子》片段中，学生对于"未闻孔雀是夫子家禽"一句读法停顿的质疑，正是本课要解决的重要知识内容。教师正是抓住学生质疑的时机，放慢课堂的脚步，让学生就此疑问深入探讨与研究，思维在此处发酵。深入思考后，学生们才发现古文与现代文在意思上的不同，更发现了古文读法的停顿与意思之间的关系。此处的慢，不仅是知识的收获，还让学生学会了思考，在知识对比中有所发现与总结，延展了思维的深度。案例2《闻官军收河南河北》片段中，学生对"妻子"一词在诗中的意思进行了质疑与思辨，教师放慢课堂节奏，用心聆听学生们的想法与辩论，并顺势扩展学生思维的角度，让学生学会从古今文对比、古诗背景、作者生平几个方面来思考问题。这一慢，价值深远，不在于知识本身的意义，而在于让学生的思维在此处发酵，学会多角度理解问题，从而扩展思维的广度。

2. 慢在错处，生成良好的思维空间

课堂教学中，教师都希望自己的教学流程顺畅，害怕学生出现错误，影响课堂的进程。心理学家盖耶认为：谁不愿意尝试错误，不允许学生犯错，谁将错过最富有成效的学习时刻。课堂是开放的课堂，是生成的课堂。构建深度学习的课堂，教师要挖掘学生错误的闪光点，因势利导，在学生出错处慢下来，利用错误，给学生创设良好的思维空间，这样的课堂才是有意义的。

案例1：

《鲸》片段

一名学生在读课文第一自然段内容时，其中一句"我国发现过一头近四万公斤重的鲸"读错了一处，漏了"近"字。

师：同学们，他读得怎样，你发现了什么问题？

生：我听出来他读漏了一个字，漏了"近"字。

师：这个"近"字重要吗，如果去掉它，不要这个字如何？

生：不行，如果少了"近"字，就变成了四万公斤重了，那就和本来的意思不一样了。

生：有了"近"字，是说鲸接近四万公斤。而没有近字，是说鲸正好是四万公斤。意思是不一样的。

师：那看来这个"近"字还真不能少，少了它，文章的意思就改变了。课文中还有哪些类似的字词同样的不能少的，同学们，看谁发现了？

生：我发现"约十七米长"这里的"约"也是不能少的。

生：我发现目前已知最大的鲸约有十六万公斤重的"目前"和"约"是不能少的。

师：如果去掉了"目前"一词，会怎样呢？

生：那就变成了世界上最大的鲸就是十六万公斤。而实际上，这只是截止到现在的发现。

师：有道理，这就是说明文语言的特点——准确性。

案例2：

《司马光》片段

师：同学们，司马光是什么样的孩子，从课文的哪儿能看出来？

生1：司马光是个勇敢的孩子，从课文这里可以看出"司马光没有慌，他捡起一块大石头，使劲砸那口缸。"

生2：老师，他说错了，司马光是举起一块大石头，不是捡起石头。

师：如果我们就把这个"举"换成"捡"，怎么样？

生2：不行，不行，石头很大，用捡不合适。

生3：不行，用石头砸缸，想砸破缸，要把石头高高举起来。"举"才恰当。

师：同学们，你们说得真有道理。在我们平时的说话作文时，要好好想想用哪个字，用哪个词才更恰当。

解析：

案例1《鲸》片段中，教师利用学生漏掉的"近"字做文章，由此引发对说明文语言准确这个特点进行探讨。案例2《司马光》片段中，教师利用学生说错的"举"，引发学生的争论，让学生体会用词之妙。这两个案例，教师都能从学生的错误中挖掘闪光点，放慢课堂节奏，因势利导，给学生一些争论的时间和空间，让学生在争辩与讨论中进行思维的碰撞。这个过程，学生由不懂到懂，由不会到会，在认知逐渐完善的同时，思考问题的角度被打开，思维也越来越严谨。

第二章　基于深度学习的数学"问题教学"

　　学生们在学习数学例题时往往只见树木，不见森林。在碎片化教学中，学生的学习是局部的，眼界是狭窄的，思维是僵化的。将前后的问题进行联系、整理、分析，学生才能既看见树，更看见整个森林。这是方法联想课的特点。例如《面积与转化》以"算一算一个底5分米高3分米的平行四边形的面积""说一说平行四边形面积公式""想一想平行四边形面积公式是如何推导来的"引发本节课学习内容；接着由三个问题"哪个平面图形的面积公式是用转化推导来的（画图说明）""平面图形面积之外，哪里还用到转化方法（举例说明）""生活中，哪里可用到转化方法（举例说明）"驱动学生探究梳理转化方法有哪些运用。本节课由平行四边形引发关于转化的联想，开放的是问题，解放的是思维。从具体的算一算、说一说、想一想引出转化，开启转化思想方法的联想之门：平面图形面积的转化—面积之外的转化—生活中的转化。

　　数学"问题教学"的课型除了方法联想课，还有进阶式探究和并列式探究。

第一节　数学"问题教学"概述

2019年4月15日至17日，基于深度学习实验的教学方式变革全国校长研讨会在东莞松山湖中心小学成功举行。宁俊玲、何晓瑜、黄帆、丁宁四位老师在研讨会上分享了课例《分数与除法》《对称图形》《面积单位》《不规则物体的体积》，高艳丽老师做了《数学"问题教学"》专题报告，获得与会校长们狂赞和追问。

数学课堂教学方式变革切实发生了吗？数学"问题教学"长啥样？

宁俊玲：为什么要做基于深度学习实验的数学"问题教学"？

《分数与除法》这节课我曾上过两次，第一次是从教的第二年。我初为人师，毫无经验，只是以成人的知识经验和视角认为这节课的知识很简单，学生早就学过除法了，在本节课学习之前，教材对分数的意义也安排了再学习。于是我就想当然地认为"把一个蛋糕平均分给3个人""把3个蛋糕平均分给4个人"这类问题老师不教，学生也会。上课的时候，刚一提到这个问题，果然就有学生说出答案，很快新课就讲完了。但是，学生在后面的练习中错误百出，简单的题目也不会，我才认识到这个班的孩子基础太弱，理解能力和知识迁移能力不够。

再次上这节课，我下了很大的功夫，提前分析了学生不会做题的多种原因，罗列出本课所涉的知识点，准备课上多角度、多层次启发学生。教学设计层层递进，环环紧扣，打算逐个击破本节课的重难点，并制作了精美的课件帮助学生理解"把3个蛋糕平均分给4个人"这个问题。备这节课耗费了我大量的时间和精力，40分钟的一节课提了大大小小60多个问题，我以为会比第一次上的效果好很多。可一做练习才发现，学生虽然对讲过的和类似知识的习题掌握不错，但稍微变一下，就出现很多不适应，可见学生并没有真正理解和内化。

第三次上这节课，我认真琢磨以前的精心设计，是否每个环节都有必要，都合理？比如"创设情境"导入新课，就要挖空心思创设情境？为了促进合作学习，不管什么问题都要让学生讨论？其实学生自己学会了就没必要讨论，小组能够解决就不需要大组讨论，学生自己能够解决的就不用教师讲了。

反观以往课堂教学中的问题：

（1）大多属于低层次认知水平的有关事实问题、封闭性问题、陈述性问题，如成串地连问，简单地碎问，随意地追问，反复地强调。

（2）问题多，思考空间不足。

（3）问题散，聚焦重难点不够。

（4）问题模糊，指向性不明确。

（5）问题缺乏生长性。在40分钟一节课的课堂上，所提出的问题有75%～80%属于回忆或记忆层面的问题，教师们在提出问题后，往往只会等待一秒钟或更少的时间，就让学生开始回答问题，并且教师经常在学生没有回答正确的情况下立即给予学生正确答案。

（6）没有给予学生提问的空间，学生提出的问题不足5%。问题从设置到实施都不具备对学生问题解决能力培养的功能，致使学生应用数学意识不强，创新能力较弱。课堂上的学生根本不知道去哪里（目的不明确）、怎么去（没有方法），也不知道是否到达目的地。教师只是告诉学生自己要做什么（标准答案），不管学生是否知道，强迫学生跟着自己走，甚至有部分教师不知道自己要去哪里。课堂教学处于教师"一言堂"、学生"低认知水平练习"的状况。

学习的过程，往往是从平衡到不平衡再到平衡的循环往复的过程。古人云："学起于思，思源于疑。"学生如果有疑问，就会感到困惑。只有激发学生的认知冲突，使学生处于认知失衡的状态，才能更好地激发学生的探究欲望。

如今，人类的技术水平进入了爆炸增长的时代，知识在以函数倍增的速度增长，只是学会无法助力孩子的未来成长！拥有深度学习能力，已经成为基础教育发展的新趋势。数学课堂需要有空间的问题，搅动学生的思维；需要聚焦重点和难点的问题，凝聚课堂的完整结构；需要有生长性的问题，既顾及当下，还能着眼未来。因此，转变学生的学习和思维方式，向深度学习迈进，应对时代的挑战，是教育觉醒的必然选择。

刘贤虎：数学"问题教学"是什么？

研讨会现场，福建省晋江市第四实验小学许华闽校长问，数学"问题教学"是什么？

是啊，做了这么多年数学"问题教学"实践探索，究竟什么是基于深度学习的数学"问题教学"呢?

"为教之道在于导,为学之道在于悟。"基于深度学习实验的数学"问题教学"以培养学生的学科核心素养为导向,由本原性数学问题引发的探究、建模,直至达成问题解决的教学活动。本原性原是哲学中的一个俗语,指一切事物的最初根源或构成世界的最根本实体,这里借用哲学中的理解和思考问题的方式。本原性数学问题指在数学教学中把某个数学问题的根源或基本构成作为思考的第一问题,可以从知识体系、核心概念、数学思想等方面着手提炼。

问题教学分为四个板块:问题引发—问题探究—建立模型—问题解决。

日本教育家佐藤学认为:课程设计越简单越好,如果要点过多,教师往往会专注于自己是否完成目标,而忽略学生的反应。简洁的教学设计可以让教师有较多时间和空间关注学生的学习,以便及时发现问题,改变策略。而实施问题教学最基本的原则就是"抓大放小,以大带小,提纲挈领,纲举目张"。

例如《面积单位》这节课,设计时从本原性问题思考,转化成具有进阶关系的"问题串":

(1)常用的面积单位有哪些?(看书、问同学……)

(2)这些面积单位有多大?(找、比、量、画、剪……)

(3)面积单位和长度单位之间有什么区别?

学生探究首先是建立在独立学习基础上的,可以独立思考,可以动手操作,也可以看书。其次是协作学习,倡导同桌之间的协作,遇到困难求助他人、课本,学有余力的学生可以施助他人。

综上所述,问题教学研究的重点是如何让学生主动学习,探究体验,真真正正实现由教师的教向学生的学转变。

刘庆兵:从抄教案到研制学习单,真备课!

《分数与除法》《对称图形》这两节课有一个共同的特点,即在问题引发后,在学习单的驱动下完成学习任务。学习单不同于我们以往的教案,它不仅在教学中起到引领学生探究知识的方向,还是学生一步步探究的具体指导。它是教师实施教学的清晰架构,是以问题的形式启发并驱动学生进行自主探究学习的阶梯。

问题教学的学习单有两个特点:

一是导向性,以问题驱动培养学生的学科核心素养,凸显问题意识。例如上《分数与除法》时，教师从除法的意义入手，以除法的结果能否用分数来表示引发对本节课的学习和探究，学习单设计了三个主干问题：

（1）把1个蛋糕平均分给3个人，每人分得多少个？（列出算式，写出结果）

（2）把3个蛋糕平均分给4个人，每人分得多少个？（先分一分，画一画，剪一剪；再列出算式，表示结果）

（3）观察以上等式，你发现分数各部分与除法各部分之间有什么关系？（看一看，说一说，记录下来）

学习单上这三个进阶关系的问题形成学生探究的问题串，指引学生对分数与除法的关系进行充分的探究和感悟。这种大板块的教学设计，环节清晰，问题聚焦，让有价值的问题串在数学教学中充分发挥效用，实现数学教学从冗繁走向凝练，从紧张走向舒缓，从肤浅走向深邃，从杂乱走向清晰。

二是开放性。学习单的实施，不再是以前常规课堂上的一问一答，亦步亦趋，而是改变教学的思维方式，抓大放小，在基本架构之下给执教者以更大的自由空间，执教者可根据自身特长及实际学情丰富学习单。学习单的开放性的另一层含义是指不同程度的学生在学习单的指引下，对知识进行自主探究的深度和广度不同。学习单可以直接引导学习能力强的部分学生通过自主探究就能完成一整节课的学习任务，这期间不需要教师介入；也可以指引探究能力一般的学生遇到某个地方出现小障碍时，通过同伴协助解决；教师只需关注独立探究学习困难的学生，对其进行针对性的指导。学习单的开放性能紧紧抓住学生的思维，让学生学得愉快、探得深入！

为什么要做学习单？为什么探究要问题串引导？基于深度学习实验的教学课堂，不要大而广，要精而深！欧美的教学，很多是没有教材的，所以他们不担心教不完，不担心考的时候题没做过。而在中国，国家有教材，内容多，难度大。要实现学习真正发生，变传授、灌输为自主、合作、探究学习，不是现成的教材或者教学参考书能够提供的，很多课属于都讲到、都练到的，如果怕没讲到，没练到，甚至是练不熟，很显然就不能精而深。唯一的办法就是整合、取舍、凝练，打破以往的抄写教案，使课堂与教案脱节的备课行为，打破以往在备课中的斤斤计较。整合取舍就需要提出核心问题，把核心问题分解成问题串，对教材内容进行整合。

何晓瑜：让语言流动起来……

"我画了一个正方形……"

"我猜他画的正方形边长是1分米，我补充，应该说画了一个正方形，边长是1分米，面积就是1平方分米。"

"我听明白了你的方法，我的方法跟你的有点不同，我是把画的这个正方形剪下来了，这个正方形是1平方分米，剪下来就可以用它量别的东西。"

"我有不同意见，我刚开始也想这样剪，后来我发现这个红色方块的边长就是1分米，它的面积就是1平方分米……"

这是在全国校长研讨会上《面积单位》的教学片段。三年级（7）班学生探究1平方分米时的发言，学生的发言是有关联的，倾听与补充，批判与表达，那么灵动与自然，犹如潺潺溪水自然流淌！学生们围绕1平方分米这个面积单位展示、补充、质疑、完善，这样的交流才是有效的！据执教者黄帆老师所讲：培育学生形成语流，功夫在平时。正所谓"台上一分钟，台下十年功"。

首先，要培养学生倾听的习惯。比如发言时，发言者面向大家，而不是对着教师说；教师适当退一点，教师跟其他学生一样都是听众；学生眼睛随着声音走，哪里有发言，就看向哪里，就像向阳花。然后，要培养学生们独立思考的习惯。当学生遇到问题时，第一时间是独立思考，在思考过程中收获两个果实，一个是找到解决问题的办法，另一个就是明确自己哪里有困难，办法和困难是交流的纽带。

有了倾听和独立思考的习惯，再教给学生们一些加工信息的技巧。比如，最简单的肯定或否定，交流时，用语言表达出来就是"我同意他的说法""我的方法和他的一样""我不认同他的说法""我有不同意见"等。还有就是给出修改建议，可以说"我建议这样修改"，然后还可以在比较的基础上找相同和不同的地方，以此发现不同方法中存在的本质特征。

具体实施时，不可一蹴而就，需要循序渐进。从开口说到说得好，是需要过程的，需要从点点滴滴开始练习，特别是低年级的学生，他们的思维本来就天马行空，具有跳跃性，训练时，可以从一两句话开始，如转述"我听明白了他的意思，就是说……""我不懂他说的是什么意思"。另外，协同学习也是培育语流的好机会，可以用最基本的"我听懂了"和"我不明白你的意思"搭建同伴交流的桥梁。

最重要的一点，习惯的养成需要长期坚持，有了语流这个目标之后，朝着目标坚持不懈地走下去，才能求得真经。

高艳丽：听课革命——观察学习是否真正发生。

我被课堂观察征服了！

我坐在台下，我的听课记录上没几个字，因为台上的老师抛出2个问题后，就走到学生中间，像一个旁观者一样这里瞅瞅，那里看看，基本上是静默状态。我远远看到的，是学生们三三两两时而交头接耳，时而写写画画，他们究竟在干什么呢？直到下课，课堂观察员的分享才让我看到了一幅幅孩子们学习的画面。"王同学拿起土豆就丢进杯子里，水溢了出来；同桌说'水太多了，倒掉一些再放吧'；王同学再次把土豆丢进杯子里，说'水不够，还有一些土豆在水面上，一定要完全淹没才行'，同桌继续加水；最后拿出土豆，画刻度，放土豆，画刻度……"

再对比我的听课记录：分类，可塑物体的体积怎样求？不可塑物体的体积怎样求，学生探究操作，汇报……我记录的是课堂流程，教师布置了哪些环节。对比之下，我再一次体会到，原来坐在台下听课，看的是热闹、是场面；而那几位拿着小凳子、安静地坐在学生身边的课堂观察员，他们关注的是这个学生是如何学习的，学习是否真实发生？

课堂观察是什么？用下面两份听课记录可以进行简单说明。

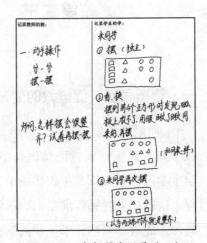

图2-1-1　老师课堂记录（一）　　　图2-1-2　老师课堂记录（二）

图2-1-1、图2-1-2是两位教师记录的同一节课的课堂纪录，一年级《分类与整理》。最大的区别在于，图2-1-1重点记录教师的教，实施了什么环节、提出了什么问题等，对学生的学描述为"学生各自都在安静地摆，他们摆得都很认真…"；图2-1-2重点记录学生的学习行为，如"米同学独立摆……发现放不下，瞅了瞅同桌的……再摆……"至于老师是如何教的，只是简明扼要地概述一两句。基于深度学习实验的课堂观察，强调重点观察的是某个学生的学，如米同学是如何从摆不下到摆得很整齐的，这个过程中，他调动了已有生活经验，按形状进行分类，当遇到困难时，"瞅了瞅同桌"——模仿同伴进行学习。像这样，课堂观察所观察和描述的是过程中学习的发生情况。

纵观当前的听课观课，大多都是看教师如何教：设计了哪些环节，每个环节是怎样落实的。而对于学生的观察，停留在看场面，或热烈或沉闷，看学生是否参与了讨论，是否学会了知识点。听课记录也是对教师的教进行描述。"深度学习实验"之课堂观察扭转了这种局面，把重心放在关注孩子的学习状态上，判断学习是否真实发生，并以此来反观、调整老师的教，实现为学生的深度学习能力而教，这就是被教师们称为听课革命的课堂观察。

第二节　案例与解析

一、要素导航，促进教的变革

（一）问题的引发

数学知识系统性强，旧知识是新知识的基础，新知又是旧知的发展和延伸。学生学习数学知识的过程实质上是新知与已有认知结构中的旧知建立联系的过程。这就要求教师找准新旧知识的连接点，使学生感到新知不新，难点不难，教师才能教得顺畅、学生才能学得轻松。根据苏联心理学家维果茨基的最近发展区理论，开课前5分钟是激活学生大脑的最佳时段，问题引发能迅速而巧妙地缩短师生间以及学生与教材间的距离，将学生的注意力集中到教学重点上，最大限度地提高课堂教学效率。好的开始是成功的一半，要抓住这宝贵的几分钟，促使学生积极参与，以最佳的状态进入课堂学习。好的问题本身可以引导学生主动投入学习，我们只有把握住学生的认知起点在哪里、困惑在哪里，才能使课堂学习真正成为学生的自主学习行为。

1. 从核心概念入手，设计问题引发

案例1：

长方体的认识

师：（鼓掌动作）鼓掌动作看来简单，人人都会，但要认真研究起来还真有学问呢。比如这样鼓掌行吗？（教师只用一只手在胸前扇来扇去）

生：要两只手才能做到。

师：两只手就一定能行吗？（教师用两只手前后交错地在胸前扇来扇去）

生：两只手要面对面，像这样（示范）。

师：是的。鼓掌时，两只手的位置应该做到掌心相对。（板书：相对）通过手势使学生认识上下相对、左右相对和前后相对。

师：你们看这样行吗？（教师用两手在胸前不断地做十指交叉的动作，当然也没有声音）

生：不行，这叫交叉。

师：两只手互相交叉，我们可以称之为相交。（板书：相交）

出示长方形图。（研究平面图形中的相对和相交）

师：你能在长方形中找到相对或相交关系的边吗？

生：在长方形中，上、下两条边，左、右两条边分别相对。

生：长方形相邻的两条边是相交的关系。

师：相对和相交是两个物体间或物体中某些部分间的两种十分重要的位置关系。这种关系在鼓掌的动作中有，在我们学习的数学知识中也有。今天就要在学习长方体的过程中进一步研究相对与相交的关系。

案例2：

异分母分数加减法

师：判断9.8-7=9.1计算得对吗？正确答案是多少？

生：计算得不对，正确答案应该是2.8。因为7在个位上，表示7个一，不能用9.8的十分位上的数字8去减，应该用个位上的9-7=2。

师：为什么？

生：因为相同数位上的数字才能相加减。

生：相同数位上的数单位相同，单位相同的数才能直接相加减。

师：（出示日常生活垃圾分类表），观察图表，食品残渣和纸张一共占生活垃圾的几分之几？说说你的想法。

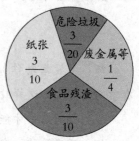

生：$\frac{3}{10} + \frac{3}{10} = \frac{6}{10} = \frac{3}{5}$。

生：3个$\frac{1}{10}$加上3个$\frac{1}{10}$等于6个$\frac{1}{10}$，就是$\frac{3}{5}$。

生：这两个分数的分母相同，也就是分数单位相同，分母不变，分子相加。

师：纸张和废金属一共占生活垃圾的几分之几？

生：$\frac{3}{10} + \frac{1}{4}$。

师：能像刚才那道题一样直接分子相加吗？

生：不能，因为分母不同。

师：分母不同的分数称为异分母分数，这节课就来探究分母不同的分数加减法的计算方法。（板书课题：异分母分数加、减法）

解析：

案例1《长方体的认识》核心概念在于长方体棱、面的相对、相交的关系。长方体中各个部分之间总是存在着相对或相交的位置关系。相对或相交的位置关系就是学习本节课的核心概念，抓住了这两种关系，就抓住了长方体的结构特点，也就抓住了这节课的核心。本课的引发由生活中常见的鼓掌动作入手，找到了研究相对与相交的切入点，从生活现象再到数学现象，平面图形中的相对或相交的位置关系，再到对本节课的学习，使学生在轻松、愉悦的课堂气氛中，不但能尽快接触教学内容，而且一下子就触及了教学内容的实质。

案例2《异分母分数加减法》核心概念在于相同单位的数相加减。从辨析小数减法、计算同分母分数加法中体会9个一减去7个一，到3个$\frac{1}{10}$加上3个$\frac{1}{10}$

等于6个$\frac{1}{10}$，都是进行相同单位的相加减，体会到$\frac{3}{10}+\frac{1}{4}$不能直接相加减的

原因是分母不同，进而理解异分母分数加减法的必须先通分的算理。

2. 从知识体系入手，设计问题引发

案例1：

面积单位

师：同学们，你们猜猜老师有多高？

生：1米72厘米、1米75厘米、1米80厘米……

师：再猜猜老师的食指有多长？

生：1分米、9厘米、10厘米……

师：厘米、分米、米是常用的长度单位，测量长度用长度单位。用长度单位来表示面积合适吗？

生：不合适。

师：用什么来表示面积的大小呢？

生：面积单位。

师：今天就来学习面积单位。（板书课题：面积单位）

案例2：

分数的基本性质

师：你能说出下面各题中横线上应该填哪些数字？并说说你这样填的理由。

$1÷2=（1×4）÷（2×\underline{\hspace{2cm}}）$

$2÷4=（2×10）÷（4×\underline{\hspace{2cm}}）$

$4÷8=（4÷\underline{\hspace{2cm}}）÷（8÷\underline{\hspace{2cm}}）$

（填数字略）

生：第一小题被除数1乘了4，除数2也要乘4。

生：被除数和除数都乘4，左右两边才相等。

生：这是根据商不变的性质填空的。

师：你能说说什么是商不变的性质吗？

生：被除数和除数同时乘或除以一个非0的数，商不变。

生：被除数和除数同时乘或除以相同的数（0除外），商不变。

师：通过前期学习已经知道了除法的结果可以用分数表示，说明分数与什

么有关系？

生：分数与除法有关系，我们上节课刚学过。

师：除法有商不变的性质，而分数和除法是有关系的，分数是不是也有类似的规律呢？今天就来学习分数的基本性质，板书课题。

解析：

案例1《面积单位》由长度单位引发，由线到面，实现从一维到二维的跨越，从认知角度立意；身高、手指长度都是学生熟知的，且能强化线的直观感受；长度单位不能用来测量面积，产生学习面积单位的需求，指向本节课探究的内容。

案例2《分数的基本性质》从除法引发分数。除法、分数是相互联系的，有助于学生顺利地运用分数与除法的关系，以及整数除法中商不变的性质说明分数的基本性质，实现新知转化为旧知。根据商不变的性质进行填空，是对旧知的回忆，同时也为学习新知做了铺垫。除法有商不变的性质，除法和分数有关系，那么分数有没有类似的性质呢？从知识体系上引发，很好地完成知识的迁移，方法的类比，思维的进阶；问题引发指向本课要研究的问题，为学生搭建了探究的台阶，直接指向了本节课的学习内容，问题引发很明确，引发学生对本课目标的了解和对新知的思考，拾级而上，有的放矢。

3. 从思想方法入手，设计问题引发

（1）以类比思想设计问题引发。

案例1：

万以内数的大小比较

出示：95（   ）100   95（   ）65   95（   ）94

师：这里有三组数，比较这三组数，谁大？说说你的理由？

生：第一组数100比95大，因为三位数大于两位数。

生：第二组数95大于65，都是两位数时，十位数字大的那个数就大。

生：第三组数字都是两位数，十位数字也相同，就比较个位数字，所以95大于94。

生：比较这些数字的大小是根据一百以内数的大小比较的方法。

（板书：百以内数的比较方法）

师：如果有更大的数，你还能比较吗？

生：可以用万以内数的大小比较的方法来比较更大的数。

师：更大的数该怎样比较呢？是不是如这个同学说的可以用万以内数的大小比较的方法来比较更大的数呢！今天就来学习万以内数的大小比较。（板书课题）

案例2：

三位数乘两位数

师：怎样计算45×12?

生：先用2×45得90，再用10×45得450，90+450得540。

生：我还有另一种算法，先用12×40得480，再用12×5得60，480+60得540

师：他们的方法有什么共同之处？

生：先用第二个因数个位数字乘第一个因数，再用第二个因数十位数字乘第一个因数，最后把两次乘的结果相加。

师：三位数乘两位数的计算方法是否与两位数乘两位数的计算方法相同？有哪些不同？这就是今天我们要研究的问题。（板书课题）

解析：

案例1《万以内数的大小比较》问题引发，从比较94和100、95和65、95和94三组数开始，充分唤醒学生旧知，激活学生已有学习经验，通过回忆百以内数的比较大小的方法，在学生充分交流，掌握其方法或规律的基础上再进行万以内数大小的比较，为突破难点搭好阶梯，也为知识迁移与应用打下基础。

案例2《三位数乘两位数》问题引发设计以计算回顾两位数乘两位数的算理算法，类比迁移来探究计算三位数乘两位数的方法。旧知与新知在比较方法和算法算理上联系较为紧密，通过梳理可以加深印象，巧妙与新知联系在一起，形成了知识结构，自然而然地引发了新问题，去解决本堂课要解决的问题，把时间花在刀刃上。

（2）以转化思想设计问题引发。

案例：

三角形的面积

如图，怎样计算小数乘法？

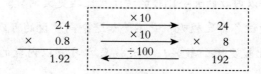

预设：把小数转化成整数，先按整数乘法计算，再根据因数里面的小数位数点上小数点。

如图，你能说说是怎样求平行四边形的面积的？

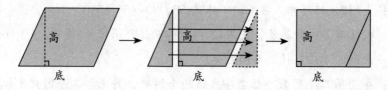

预设：把平行四边形转化成长方形。

比较求平行四边形的面积和计算小数乘法，你发现了什么？

预设：都是把没有学习过的知识转化成已经学习过的知识。

把没有学习过的知识转化成已经学习过的知识就是转化的数学思想，转化的数学思想在数学学习中非常重要，今天继续用转化的数学思想来探索三角形的面积怎样计算。（板书课题）

解析：

案例《三角形的面积》一开课直接点出转化思想，从小数乘法的计算，到平行四边形面积的计算，都是把没有学习过的知识转化成已经学习过的知识，让学生感受知识间的普遍联系，转化思想的渗透，让学生学会用以前的知识来解决现有的问题。这是对已有知识的复习巩固，也是对新问题的建构，让学生在问题解决中建构关于计算图形面积的知识，不仅能培养学生应用旧知的意识，还能让学生自然建构一种知识体系。

（3）以分类思想设计问题引发。

案例1：

垂直与平行

师：现在做一个有关想象的活动，把老师给你的白纸想象成一个平面，闭上你们的眼睛想象一下，这个平面慢慢变大，变得无限大，平面上出现了一条直线，又出现一条直线。睁开你们的眼睛，把刚才想象的两条直线画在白纸上。

师：（展示学生不同的作品）这几幅图里面的两条直线有什么相同或不同？

生：有的图两条直线交叉在一起，有的图两条直线没有交叉。

师：你们说的两条直线交叉或者没有交叉是指同一平面内两条直线的位置关系，今天就通过把这些图分类的办法，来研究同一平面内两条直线的位置关系，板书课题。

案例2：

质数与合数

师：你们学习了因数和倍数，学会了找一个数的因数的方法，你能很快地说出1、5、6、7各有几个因数吗？

生：1只有它本身1个因数，5有2个因数，6有4个因数，7有2个因数。

师：看来每个数的因数的个数是不同的，有没有什么规律呢？

生：应该没有，感觉很多、很乱。

生：说不定有。

师：如果有规律，怎样找出来？

生：可以多找一些数，分别找出它们的因数，再按不同的个数分一分，相同的放在一起。

师：就按这个学生说的办，今天要探究的就是跟一个数的因数的个数有关系的内容，（板书课题：质数和合数）通过把一些数按照因数的个数来分类的方法学习新的知识。

解析：

案例1《垂直与平行》同一平面内两条直线的位置关系，相交与不相交、垂直与平行，均是通过学生观察比较、讨论交流、分类再分类，逐步达成共识，感受到相交、不相交、垂直和平行这些概念的基本特征的。分类是这节课的主线，以分类引发新知学习，也是让学生一开始就明白本节课的重点是分类，分类的目的是研究同一平面内两条直线的位置关系。

案例2《质数与合数》学生能否顺利进行探究的前提是，学生知道自己要去做什么、怎样做，即已经了解了探究的目的和方法，它取决于学生个体是否掌握了具体的探究方法，以及探究方法是否具有可操作性。本课采用分类思想引发，更多指向探究方法上的指导：多找一些数（1~20），分别找出它们的因数，再按不同的个数分一分，以此来建构质数和合数的概念。这种一开课就给本节课的探究指明方向，提供具体的可操作的探究方法的指引，不但能够培养学生的探究意识，积累探究经验，而且能让学生对知识理解透彻。

从思想方法入手，设计问题引发，无论以哪个角度为切入点，都能让学生在思考中触类旁通，掌握方法；在探究中融会贯通，深入理解核心知识。（见表2-2-1）

表2-2-1　4～6年级从思想方法的角度进行问题引发的课例摘录

四年级上册		
课例	角度	引发
《亿以内数的大小比较》	类比思想	万以内数的大小比较的方法，引发探究亿以内数的大小比较的方法
《亿以上数的读法和写法》	类比思想	亿以内数的读法和写法的方法，引发探究亿以上数的读法和写法的方法
《三位数乘两位数》	类比思想	从两位数乘两位数的算理，引发探究三位数乘两位数的算理
《除数是两位数的除法》	类比思想	从除数是一位数的除法的算理，引发探究除数是两位数的除法的算理
《平行四边形和梯形》	分类思想	把不同的四边形根据其特点尝试分类，引发对平行四边形和梯形的特征的感知
四年级下册		
课例	角度	引发
《三角形的分类》	分类思想	对生活用品的分类，引发对三角形分类的探究
《小数的大小比较》	类比思想	从整数大小比较的方法，引发对小数大小比较的方法的探究
《求小数的近似数》	类比思想	求整数近似数的方法，引发对求小数近似数的探究
《小数加法和减法》	类比思想	从整数相同单位的数相加减的算理，引发对小数加减法算理的探究
五年级上册		
课例	角度	引发
《小数乘小数》	转化思想	整数乘法的方法，把小数乘小数转化为整数乘整数来引发学生对小数乘小数的算理和算法的探究
《除数是小数的除法》	转化思想	整数除法的方法，把除数是小数转化为除数是整数，引发学生对除数是小数的算理和算法的探究

五年级上册		
课例	角度	引发
《平行四边形的面积》	类比思想	由小数乘除法转化为整数乘除法进行计算的方法，引发把平行四边形面积转化为已知图形的面积的探究
《三角形的面积》	类比思想	由平行四边形的面积转化为长方形求面积的方法，引发把三角形面积转化为已知图形的面积的探究
《梯形的面积》	类比思想	由求平行四边形和三角形面积的方法，引发把梯形面积转化为已知图形的面积的探究
《组合图形的面积》	转化思想	把组合图形转化为几个简单的图形
五年级下册		
课例	角度	引发
《质数和合数》	分类思想	对因数个数进行分类，引发探究质数和合数的意义
《真分数和假分数》	分类思想	根据分数的意义，比较分子和分母的关系，引发对真分数和假分数的探究
《长方体体积的计算》	类比思想	由长度单位度量线段，面积单位度量长方形、引发通过用体积单位度量长方体来探究长方体体积和长宽高的关系
《分数加减法的简便计算》	类比思想	整数运算定律的运用，引发探究分数加减法
《不规则物体的体积》	转化思想	把不规则物体的体积转化为可测量物体的体积，引发探究它的体积
《异分母分数大小比较》	类比思想	从整数的大小比较的实质是单位个数的比较，引发探究对异分母分数大小比较要先化成相同分数单位进行比较
《异分母分数加减法》	类比思想	从整数加减法中单位相同的数相加减，引发对异分母的加减法方法的探究
六年级上册		
课例	角度	引发
《分数乘法简便运算》	类比思想	整数乘法的运算定律的运用，引发探究分数乘法
《分数除法》	转化思想	根据分数的意义、分数与除法的关系，把分数除法转化为分数乘法，引发探索分数除法

六年级下册		
课例	角度	引发
《圆的面积》	转化思想	把圆转化为长方形，引发探究它的面积
《第六单元图形的分类》	分类思想	把已知图形根据自身特点引发分类
《圆柱的体积》	转化思想	如何把圆柱转化为已知图形，引发对圆柱体积的探究
《圆锥的体积》	转化思想	如何把圆锥转化为已知图形，引发圆锥体积的探究
《瓶子的容积》	转化思想	如何把无水不规则部分转化为规则图形，引发对瓶子容积的探究

（二）问题引发的实施要点

问题引发要做到立意高、难度低、指向明。

案例1：

分数与除法

师：把6个蛋糕，平均分给3个人，每人分得几个？你会列式计算吗？

预设：$6 \div 3 = 2$（个）。

师：是的，把一个数平均分成若干份，求其中的一份是多少用除法计算。（板书算式）

出示：把5个蛋糕，平均分给3个人，每人分得几个？

师：你会列式吗？分得的个数还能用整数来表示吗？

预设：$5 \div 3$。

预设：分得的个数不能用整数来表示，可以用分数来表示。

师：当分得的个数不能用整数来表示时，应该怎样表示结果呢？能不能用分数表示呢？分数与除法有什么关系呢？这就是今天要研究的内容。（板书课题：分数与除法）

案例2：

分数的意义

师：把4个月饼平均分给两个人，每人分得几个？

预设：每人分得2个。

师：把2个月饼平均分给两个人，每人分得几个？

预设：每人分得1个。

师：只有1个月饼，平均分给两个人，每人分得几个？

预设：半个、0.5个、$\frac{1}{2}$个……

师：把1个月饼，平均分给两个人，每人分得的结果用分数表示是$\frac{1}{2}$个。

这个分数中的"2"表示什么？"1"表示什么？分数线又表示什么？

预设：分数线表示平均分，"2"是分母，表示把1个月饼平均分成了2份，"1"表示每人分得1份。

师：你还能说说$\frac{5}{8}$和$\frac{1}{4}$这两个分数各部分名称及意义吗？

师：（手指以上分数）在三年级的时候已经认识了这些分数，那你能说说什么是分数吗？

师：今天就来学习分数的意义，尝试给分数下个定义。（板书课题：分数的意义）

案例3：

24时计时法

问题引发1：

师：小明周末想约好朋友一起去散步，他去朋友家没见到人，于是写了张留言条给好朋友，可是那天他却没见到朋友来，这是怎么回事呢？

小刚：

　　周六8：40分，我们在小区中心花园见面，然后一起散步吧！

　　　　　　　　　　　　　　　　　　　　　你的好朋友：小明

生：小明晚上8：40去的，而他朋友可能是上午8：40去的，所以没见到面。

师：如果你是小明，你会怎么给朋友留言？

生：如果想约他上午8：40，我就会这样写，如果我想约他晚上8：40，我就会把时间改成20：40分，这样朋友就会更清楚了。

问题引发2：

师：（出示两幅情境图）怎么区分这两个不同的9时呢？你能清楚地表达出来吗？写一写，与小组同学交流一下。（板书：上午9：00，晚上9：00或21：00）为什么第一种方法9时前面一定要加上时间词？

生充分交流之后总结：像"上午9：00""晚上9：00"等这样前面带个时间词的计时方法我们称为12时计时法。而像"9：00""21：00"等这样不用时间词也可以准确区分这两个不同的9时的计时法，我们称为24时计时法。今天这节课就来研究24时计时法。

解析：

案例1《分数与除法》，平均分既是理解分数意义的关键，又是除法产生的基础，本课的教学重点是理解分数与除法的关系，知道分数的两种表示意义。本节课从商是整数的除法引发，意在理清除法和分数的关系，学生容易类推出除法算式1÷3、3÷4。从知识体系入手进行本课的问题引发，可谓立意高。

案例2《分数的意义》基于学生对分数认识的考虑，由三年级学习的《分数的初步认识》入手，让学生回顾分数产生的过程。平均分是理解分数意义的关键，由平均分可以得到整数结果，再到不能得到整数结果，除了可以用小数表示，还可以用分数表示。引发的问题对于五年级的学生而言，能够脱口而出，难度降低。

案例3《24时计时法》初稿的"问题引发"设计"这是怎么回事呢？"没有指向本节课的核心知识，达不到开门见山的效果，修改后的问题"怎样区分两个不同的9时"引发学生通过联系生活实际及交流对话，最后直接指向研究24时计时法，可见问题引发指向明确。

（三）问题的探究

问题是数学的心脏，有了问题，思维才有方向；有了问题，思维才有动力；有了问题，思维才有创新。目前，关于问题研究已成为数学教育工作者，特别是一线教师的关注热点。郑毓信教授对与问题相关的诸多概念提出的理论框架，如图2-2-1所示。

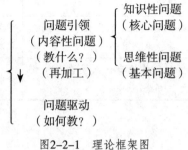

图2-2-1　理论框架图

"问题教学"中的问题是本原性数学问题，意指在数学教学中把某个数学问题的根源或基本构成作为思考的第一问题。本原性原是哲学中的一个俗语，指一切事物的最初根源或构成世界的最根本实体，这里是借用哲学中的理解和思考方式。

1. 问题的类型

递进和并列是生活及学习中常用的两种逻辑关系。设计数学问题时，主要分为进阶式问题和并列式问题，进阶可以是知识体系上的进阶，也可以是数学思想方法的渗透。

（1）进阶式问题。

① 知识体系上进阶。

案例1：

面积单位

问题设计表1：

主要问题	分支问题	活动设计	说明
面积单位是怎样的？	1平方厘米有多大？	研究1平方厘米	餐前小菜——3分钟探究体验活动，初步感知
	这张正方形纸片的面积是多少平方厘米？	测量正方形面积	主要活动，测量遇阻，各抒己见，协同解决，推导方法，深层理解
	这张长方形纸片的面积是多少？	比赛测量长方形的面积	思维延展，迁移创新

问题设计表2：

主要问题	进阶式问题	说明
面积单位是怎样的？	常用的面积单位有哪些？（查书、问同学……）	记忆——了解面积单位名称
	这些面积单位有多大？（找、比、量、画、剪……）	理解——用自己的方式感知面积单位的实际大小
	这些面积单位有什么关系？（哪个大，哪个小……）	分析——面积单位之间的关联

案例2：

分数的意义

《分数的意义》一课，进阶式问题是这样设计的：

1. 看图说说1/4的含义。（提示：说一说，议一议，写一写）

2. 看图说说1/4的含义。（提示：说一说，议一议，写一写）

每根是这把香蕉总根数的$\frac{1}{4}$。   每份是这盘面包的$\frac{1}{4}$。

3. 自己创造一个分数，并说说它表示的含义。（提示：写一写，跟同伴说一说）

解析：

案例1《面积单位》一课，第一份设计中的三个问题并没有知识体系上的前后递进关系，仅仅是课堂活动的三个步骤，即先认识平方厘米，再在运用平方厘米测量的过程中认识平方分米。其实学生们在学习面积单位时，并不是必须要按面积单位从小到大的顺序来学习,面积单位的产生,最初是从平方米开始的。而第二份设计中的三个问题则围绕"面积单位是怎样的"这个主要问题,从名称、大小、关系三个层面展开学习,分别对应的是记忆、理解、评价,体现知识体系上的递进关系及从低阶到高阶的思维发展。

案例2《分数的意义》一课,从"以一个物体为单位1"的分数,到"以一些物体为单位1"的分数,再到"以任意物体为单位1"的分数,三个问题,由浅入深的三个层次,正是对"分数的认识"一次一次地扩张,单位1的不同可视为其知识体系上的进化。

数学本身具有严密的逻辑性,类似以上这类在知识体系方面的进阶式问题很常见,建立数学概念时大部分都适用,如在学习数的认识、计量单位、运算时,都可以设计进阶式问题,如表2-2-2所示。

表2-2-2　进阶式问题设计课例摘录

类别	课例	进阶式问题
数的认识	0的认识 (一上)	1. 盘子里有几个桃子? 2. 你知道0还会出现在哪儿? 3. 尺子上的0表示什么意思?
	余数的认识 (二上)	1. 7颗草莓,每2颗摆一盘,结果怎样?你发现了什么? 2. 怎样用算式表示这个过程? 3. 对比以前的分法,有什么不一样?
计量单位	认识厘米 (二下)	1. 在尺子上找到1厘米有多长?(比一比,跟同桌说一说) 2. 哪些物品的长度大约是1厘米?(指甲盖、图钉等物体,先量一量,再跟同桌说一说) 3. 这张小纸条有多长?(量一量)
	认识毫米 (三下)	1. 1毫米有多长?(在尺子上找一找,用手势比一比,说给同伴听) 2. 哪些物品的长度大约是1毫米?(硬币、卡片等物体,先量一量,再跟同桌说一说) 3. 你会用毫米表示其他物体的长度吗? 例如,数学书厚(　　　),宽(　　　)

类别	课例	进阶式问题
运算	认识加法 （一上）	1. 看图，说说这幅图表示的是什么意思？（想一想，像他那样做一做，和同桌说一说） 2. 看点子图，说说这幅图什么意思？（圈一圈、摆一摆，和同桌说一说、写一写。） 3. 你还能举出用加法计算的例子吗？（画一画、写一写，与同桌说一说。）
	退位减法 （二上）	1. 怎样计算51—36？（可以口算、摆小棒、列竖式。） 2. 计算40—24时，你认为关键在哪里？ 3. 计算像51—36，40—24这样的算式时，个位不够减，怎么办？

② 思想方法上进阶。

案例1：

分数的基本性质

1. 你能用不同的分数表示涂色部分的大小吗？这几个分数相等吗？它们的分子分母各是按照什么规律变化的？我发现（　　　　）。（可从左往右观察，也可从右往左观察）

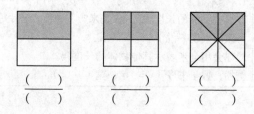

2. 你还能写出几个这样的相等的分数？说说你的理由。（可以画图说明，也可以用分数与除法的关系说明。）

3. 怎样用一句话来描述分数的这种性质？

案例2：

想一想、摆一摆

1. 摆一摆：3个珠子能摆出多少个不同的数？（一边摆，一边写，想一想，你发现了什么？）

十位	个位	组成的数

2. 摆一摆：4个珠子能摆出多少个不同的数？（一边摆，一边写，想一想，你发现了什么？）

十位	个位	组成的数

3. 想一想：5个珠子能摆出多少个不同的数？（不动手摆，请你想一想，并写下来）

解析：

《分数的基本性质》一课，目标是要建立"分数的分子和分母同时乘或除以相同的非零数，分数的大小不变"这一模型。学习时，三个问题，都指向相等，进阶在哪儿呢？在数学思想方法上。首先是借助直观，发现相等关系，属于理解层面；接着第二个问题，脱离直观图形，列举类似的相等关系，这是从直观到抽象、从一个到一群的跨越，是运用规律；接着第三个问题，用一句话描述分数的基本性质，即归纳出一般性规律，解决这个问题，能帮助学生提升分析综合的能力。纵观3个问题，其实就是不完全归纳法的渗透。

类似这样从特殊到一般，渗透数学思想方法的进阶式问题还有一年级课例《想一想、摆一摆》，前两个问题，用3个珠子和4个珠子摆不同的两位数，珠子可见、数字可见、规律可见，指向发现规律，第三个问题，明确要求"不动手摆，想一想，再写下来"，从具体到抽象，从提升到运用规律。这种进阶式问题如学生的思维触发点，引领着学生进行发散、综合、归纳，有效地培养了学生的高阶思维能力。

（2）并列式问题。并列式探究的几个问题之间没有必然的关联，是围绕某一个知识点的几个不同方面设计的问题串，学生们在学习时，可以自由选择探究的顺序。下面用一些具体的案例来说明。

案例1：

不规则物体的体积

提问：在生活中还见过哪些不规则物体？你想怎样研究它的体积？（引导学生根据研究方法的不同分为自身可塑物体和自身不可塑物体）

以学习单形式呈现并列式问题如下：

1. 自身可塑的物体，它们的体积怎么求？

2. 自身不可塑的物体，它们的体积怎么求？

案例2：

长方体的认识

1. 认识长方体时，可以从哪几方面了解它的特征？（点、线、面）

2. 动手搭建一个长方体，想一想，长方体的点、线、面都有哪些特征？填写在学习单上。

长方体有哪些特征		
点	线	面

解析：

案例《不规则物体的体积》对不规则物体的体积分成自身可塑和自身不可塑两大类来探究，问题的设置也从两方面入手，自身可塑的物体，怎样求体积？自身不可塑的物体，怎样求体积？

学习《长方体的认识》时，设计了"搭建长方体"这个活动，在活动中，从点、线、面三方面来学习长方体的特征。学生会发现棱的特征——一共有12条棱，相对的棱长度相等；顶点的特征；面的特征，这三方面不分先后顺序，组合形成对长方体的完整认识。

2. 问题的特点

进阶式和并列式两种类型的问题应具备以下特点：

（1）关注数学本质，即要考虑数学作为一种活动、内在的联系、思想方法等本质；更要考虑对学生而言，什么是某个数学问题最为根本的、本质的、基本的要素或构成。

（2）有一定的开放性和引导性，能够为学生提供独立思考与主动探究的空间。

（3）问题相对较综合，能覆盖不同层次的学生，关注不同学生的差异发展。

（4）少而精：一节课一般围绕2～3个问题进行研究。

（5）联系紧密，问题间呈现进阶或并列关系。

（6）用"问题清单"来设计学生的学习单，问题表述开放，指向我们去哪里；要点罗列通俗，指向我们怎么去。

案例1：

房子能平移吗

围绕着平移，这节课可以设计以下三个问题：

1. 下图中的现象，你认为哪些是平移现象？（想一想：生活中，你还见过哪些平移现象？）

2. 根据下面的图片，你能通过平移把房子组装好吗？（连一连，想一想：平移时，图形的位置变了，什么不变？）

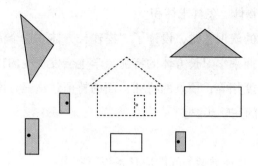

3. 想象一下，你认为一栋房子能平移吗？（可以从"大小"和"方向"两方面来说明你的理由）

案例2：

乘法的初步认识

《乘法的初步认识》这节课根据下图可以设置以下几个问题：

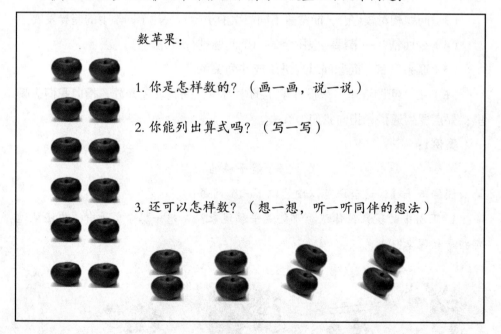

数苹果：

1. 你是怎样数的？（画一画，说一说）

2. 你能列出算式吗？（写一写）

3. 还可以怎样数？（想一想，听一听同伴的想法）

解析：

从生活中的平移现象，到几何图形的平移运动，由现象到本质，从直观到抽象，逐层深入，问题围绕平移时形状大小不变这一特征展开。"房子能平移吗"这个问题对二年级的小朋友来说，具有开放性，能较好地激发学生的思维，提示从大小和方向两方面来说明理由，即把问题集中在数学本质上，不致于让思维脱离课堂。

《乘法的初步认识》其本质是几个几。第一个问题，你打算怎样数？指向过程，直观可见几个几，第二个问题，你能列出算式吗？用符号表示几个几，第三个问题，还可以怎样数？变式发现几个几？并能引发4个5与5个4的探讨。让学生在探究问题的过程中理解乘法的含义，变抽象为具体。

3. 问题的设置

课堂实施时，问题设置需要注意以下要点：①指向明确，学习单图示进阶或并列关系；②提示探究方法；③先独立学习后协同学习。

问题需要指向本节课的核心知识点，一次性呈现3个问题，让学生明确这节课的学习目标，并做具体、简洁的操作提示，让学生知道如何做才能完成学习任务。实践时，教师还要培养学生独立与协同的学习习惯。简言之，有目标，有路径，有习惯，多方优化。

（1）指向明确，图示进阶或并列关系。

案例：

长方形、正方形的面积

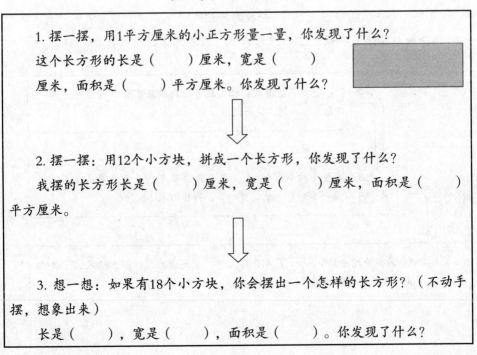

1. 摆一摆，用1平方厘米的小正方形量一量，你发现了什么？
这个长方形的长是（   ）厘米，宽是（   ）
厘米，面积是（   ）平方厘米。你发现了什么？

2. 摆一摆：用12个小方块，拼成一个长方形，你发现了什么？
我摆的长方形长是（   ）厘米，宽是（   ）厘米，面积是（   ）平方厘米。

3. 想一想：如果有18个小方块，你会摆出一个怎样的长方形？（不动手摆，想象出来）
长是（   ），宽是（   ），面积是（   ）。你发现了什么？

解析：

案例《长方形、正方形的面积》，三个问题都是同样的套路——长是（　　　），宽是（　　　），面积是（　　　），直接指向"长方形的面积=长×宽"。但是，这三个问题的层次是不一样的。第一个问题，给定长方形，让学生们用1平方厘米的小正方形方框进行测量，看见"长×宽"；第二个问题，用12个小正方形拼成长方形，意在从一个走向一些，从特殊走向一般，看见更多的"长×宽"；第三个问题，不动手摆，想一想，从直观到抽象，在大脑里建立"长方形的面积=长×宽"这个模型。三个问题一次性呈现，让学生明确这节课的目标之所在，怎样探究这些问题呢？在设计时，需要给出探究提示，学生们可以根据提示一步一步地开展学习活动，特别是对于低年级的学生来说，这一点尤为重要，恰当的提示就好像脚手架，支撑学生一步步达成目标。

（2）提示研究方法。学习单除了图示进阶或并列关系，还需提示研究方法，让学生有章可循。

案例1：

分数与除法

《分数与除法》一课，三个问题后面，都有具体的操作提示，如下：

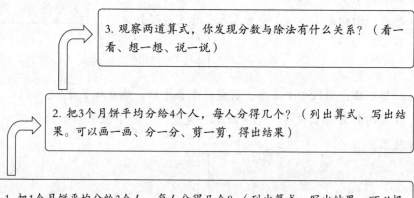

3. 观察两道算式，你发现分数与除法有什么关系？（看一看、想一想、说一说）

2. 把3个月饼平均分给4个人，每人分得几个？（列出算式、写出结果。可以画一画、分一分、剪一剪，得出结果）

1. 把1个月饼平均分给3个人，每人分得几个？（列出算式、写出结果。可以根据分数的意义或者图示解释结果）

案例2：

我的邻居是谁

1. 填一填：你知道空格里是哪些数吗？（把空格中的数写出来）

	2		4		6		8		10
11		13		15		17		19	
	22						28		
		23				37			
			44		46				
				55					

2. 涂一涂：你发现了什么规律？（给十位是3的数涂上绿色；个位是3的数涂上黄色；个位和十位相同的数涂上粉色）

3. 指一指：66的家在哪儿？它的邻居是谁？（跟同桌说说你的方法）

解析：

案例1前两个问题都是平均分，探究时，在问题后面备注操作提示，如列算式、写结果、图示解析、画一画、分一分、剪一剪等，这些提示，是通往目标的道路。需要强调的是，问题及提示要简洁、易读、易懂，用清晰简短的语言表达出来，对学生的学习会更加有效。

案例2是一年级的学习内容。针对一年级的学生，设置问题时，有简单明确的操作提示，如填一填、涂一涂、指一指，在每个问题后面，对"做什么"或"怎样做"列出了具体的要求，如"把空格中的数字写出来"，让学生明白要写，不是说；再如第二个问题后面，提示了涂什么颜色，涂哪些数字。

（3）先独立学习后协同学习。由于学生学习能力不同，有的学生能够独立学习达成目标，有的学生则需要同伴或教师的帮助，为了让学生充分地思考、分析，采用先独立学习后协同学习的方法。

案例：

除法竖式

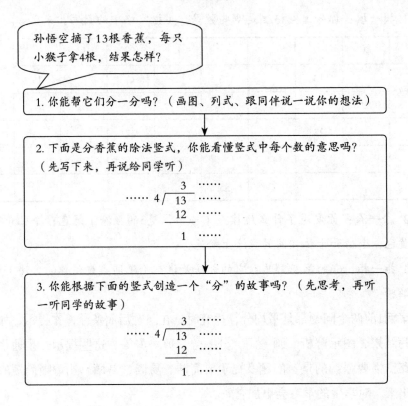

解析：

独立与协同是一种学习方式，也是一种学习态度。遇到问题，首先是独立思考，找到解决问题的办法或者明确遇到的困难，有了办法，有了困难，协同就是真实需要的，是为了解决遇到的问题而存在的。这种独立与协同的发生，是可以借助问题教学培养的，也就是说，在设计问题时，要设置一些有一定思维难度的问题，而不是单纯地记忆或记录问题，甚至可以用提示语的方式提醒鼓励同学之间的交流。

先看问题本身，第一个问题比较容易，后面两个问题有难度，遇到困难时，学生们就会寻求帮助，协同的契机就出现了；再看提示，不难发现，提示就是指向独立与协同的，如画图、写下来、思考等活动，都是独立学习的具体操作，说一说你的想法、说给同学听、听一听同学的故事这些活动为协同学习打开了一扇大门。教师在设计问题时，把培养学生独立与协同的学习意识视为教学目标之一，有意识地创设独立与协同的契机，久而久之，学生就会养成良好的学习习惯，根据自己的需求求助或及时帮助同伴，同时营造和谐、平等、轻松的学习环境。

（三）基本课型

通过几年的摸索与探究，数学"问题教学"提炼出以下几种课型：进阶式问题探究课、并列式问题探究课、方法联想课。

1. 进阶式探究

案例：

余数与除数的关系

一、问题引发

小红有7根小棒，小明有8根小棒，他们用小棒摆正方形：

1. 谁可以刚好用完小棒？

2. 你能用算式表示出来吗？（板书：$8 \div 4 = 2$（个））

用小棒摆正方形时，有时候刚好用完小棒，有时候会有剩余，如果有剩余，可能余几根呢？今天我们研究这个问题。

二、进阶式问题探究

1. 用一些小棒摆正方形，可能余几根？（列表法记录，用9、10、11、12根小棒摆正方形，一边摆一边用算式记录下来）

2. 用13根小棒摆正方形，剩余几根小棒？用14根摆呢？15根呢？

3. 观察上面两组算式中的除数和余数，有什么发现？

三、建立模型

1. 用小棒摆正方形，可能会余下1根、2根、3根。

2. 余下的根数比4小，就是余数比除数小。

四、问题解决

做一做：用一堆小棒摆五边形。如果有剩余，可能会剩余几根小棒？如果用这些小棒摆三角形呢？

解析：

进阶式问题探究课型有四个环节，分别是问题引发—进阶式探究—建立模型—问题解决。

问题引发时，判断"谁刚好用完小棒"，学生们需用到学过的除法及有余数的除法，二者对比出现，连接除法—有余数的除法的知识脉络，从知识脉络方向立意；8÷4=2这样的算式难度低，并且指向接下来要探究的摆小棒活动。问题探究时，第一个问题重点在于记录，第二个问题，不再用小棒摆，而是要求学生思考，想一想，从直观到抽象，从现象到发现规律，是思维上的进阶。并设置进阶式学习单，学习时，要求学生先独立思考，然后协同学习。建立模型从可见的、重复出现的余数1、2、3开始，接着说明不会余下4根的理由，建立剩余小棒数量与正方形的关系，再抽象出余数比除数小的规律，问题得到解决。学生用所学到的知识解决新的问题，将知识迁移运用，从而可以踏踏实实做课本上的练习题。

2. 并列式探究
案例：

不规则物体的体积

一、问题引发

1. 课件出示长方体和正方体，同学们会求长方体和正方体的体积吗？请在草稿上算一算。

2. 看老师手中的软陶，你能直接求出这块软陶的体积吗？这是一个不规则的物体，不能直接求它的体积，今天我们就来学习不规则物体的体积。

二、并列式问题探究

你在生活中还见过哪些不规则物体？你想研究哪一个？说一说你的想法。
（根据学生研究方法的不同分为自身可塑物体和自身不可塑物体）

小组合作，出示学习单：

（1）自身可塑的物体，它们的体积怎么求？

（2）自身不可塑的物体，它们的体积怎么求？

（学生选择自身可塑和自身不可塑的物体各一个，在小组中探究怎样求出它们的体积，可用画图、文字等方式记录探究方法，再写一写发现了什么？）

三、建立模型

1. 自身可塑的物体，它们的体积怎么求？

$V_{橡}=V_{长}$ 　　　　$V_{软}=V_{长}$

2. 自身不可塑的物体，它们的体积怎么求？

$V_{土}=V_{升}$ 　　　$V_{蛋}=V_{升}$ 　　　$V_{石}=V_{升}$

四、问题解决

1. 教材41页第7题：求珊瑚石的体积是多少？（转化成上升水的体积）

（1）学生独立思考，同桌协同学习。

（2）学生质疑，寻求最优方法。

2. 教材41页第8题：求假山石的体积有多大？（转化成下降水的体积，注意单位换算）

解析：

并列式问题探究课型与进阶式问题探究课型的区别在于第二环节，问题设置是并列关系。并列式问题探究的四个环节，分别是问题引发—并列式探究—建立模型—问题解决。

问题引发由长方体和正方体体积的计算引入，从规则物体的体积到不规则物体的体积，立意高；让学生回顾了体积计算公式，进行简单的体积计算，难度低；长正方体的体积公式不能算出软陶的体积，引出不规则物体的体积计算，指向明确。接着，两个并列式问题和学生的学习单及板书形成一体，贯穿整节课堂，通过画图、文字表达、写一写发现的提示方法，引导学生从独立学习到协同学习，完成知识的形成过程。在并列式问题探究时，充分发挥学生的独立、协助、求助等学习方法；建模则为知识的合成的环节，在教师的引导下，对转化思想进行建模，学生的汇报交流相互关联，形成语流。预留足够的时间让学生运用知识解决问题，习题指向本节课的知识点。教学设计从教材出发，最终回归教材。

3. 方法联想课

案例：

面积与转化

一、问题引发

出示一个底5分米、高3分米的平行四边形，算一算平行四边形的面积？说一说平行四边形面积公式？想一想平行四边形面积公式是如何推导来的？

求平面图形面积常常用到转化的方法，今天这节课，我们一起梳理转化方法有哪些运用。

二、问题探究

1. 哪个平面图形的面积公式是用转化推导来的？（画图说明）

2. 平面图形面积之外，哪里还用到转化方法？（举例说明）

3. 生活中，哪里可用到转化方法？（举例说明）

三、建立模型

（略）

四、问题解决

1. 计算下面花圃的面积

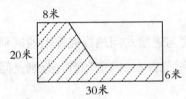

2. 有一块长20米、宽10米的长方形草地，草地中间有一条宽1米的小路，你能求出小路的面积吗？

解析：

孩子们在学习例题时往往只见树木，不见森林。在这种碎片化教学中，孩子的学习是局部的，眼界是狭窄的，思维是僵化的。将前后的问题进行联系、整体分析，学生才能既看见树木，又看见整个森林。

《面积与转化》由平行四边形引发关于转化的联想，开放的是问题，解放的是思维。从具体的算一算、说一说、想一想引出转化，开启关于转化向思想方法联想之门：平面图形面积的转化—面积之外的转化—生活中的转化。方法联想课的另一要义是，在问题解决环节回归数学常态教学，不陶醉于天马行空。第一题是面积公式的运用，第二题是转化思想的运用。

以上三种课型是现阶段比较成熟的课型，为老师们实施"问题教学"提供参考。教无定法，贵在得法，老师们在运用过程中继续改造或创新。

二、听课革命，促进学的变革

如何判断学习是否真正发生？如何检验问题教学带给学生的转变？数学教师对课堂教学进行了课堂观察。

（一）课堂观察看什么

1. 看学习内容——本质与变式

本质是一节课最基本最容易观察的，简言之，就是看学生是如何学习本课主要知识点的。

案例：

长方体的认识

在听完《长方体的认识》这节课之后，两位老师做了不同的课堂记录：

探究环节	用多少根小棒可以搭建一个长方体？试着搭一搭	
记录人	老师甲	老师乙
原始记录	6组，学生四人小组开始搭建长方体，连搭两根少了一根，搭完一起开始数点、线、和面的数量	搭好之后观察讨论：A："用了11根小棒。" B："不是，12根……" A再数，序乱，B："你数错了，4根长的、8根短的，是12根"（全序一有序）
文字	学生搭完后一起开始数点、线、面的数量	A："用了11根小棒。"B："不是，12根。"A拿起长方体再数，序乱，B："你数错了，4根长的，8根短的，是12根。"
汇报展示		同学汇报："长方体有6个长方形的面"。A走上讲台补充"2个正方形面，4个长方形面。"（其他同学"不同意有2个正方形的面，我们搭的是长方体……"）同桌B拿起别组的模型补充："我们搭的是特殊的，你们是4条长的、4条中长的、4条短的，我们的是4条长的、8条短的，所以出现了2个正方形。"

解析：

对于"12条棱"这个本质特征，教师甲的记录中，看不到学习的痕迹，仅仅描述了他们在数，无从得知是怎样数的，是否有序？从教师乙的记录中可以看出，B同学调动了已有信息，A同学在B同学的帮助下，经历了从无序数数到4条长的、8条短的，一共是12条这一学习过程，本质知识的学习显现出来了。

变式的学习也可以看到，从长方体有6个长方形的面到2个正方形面，4个长方形面，以及接下来同桌B的展示补充我们搭的是特殊的，我们的是4条长的，8条短的，所以就出现了2个正方形。观察可见，这一思辨过程正是对特殊长方体的理解学习。

2. 看学习方式——探究与协同

数学课堂上，老师设计的活动通常具有挑战性，学生需要独立探究或者协同学习，经历从错误到正确、从模糊到清晰的过程。课堂观察时，应该关注当学生遇到困难时，是如何解决的？并判断在解决问题过程中学习是否发生。其实，探究与协同学习行为的外显，源于"问题教学"之问题的设计，即在设计一节课的问题时，搭建了学习探究与协同的平台，换言之，以问题为饵，引导学生学习行为的发生。

案例：

对称图形

问题设计	课堂观察摘录
你能剪出下面的圣诞树吗？	1. 画一棵完整的圣诞树，再沿着画痕剪下来。对折圣诞树，调整剪掉多余的。 2. 对折后，剪半棵圣诞树，打开。（同桌先画半棵圣诞树，再沿着画痕剪下来，打开）
你还能剪出其他对称图形吗？	1. 对折，在折痕处画半个飞机，再沿着画痕剪下来。 2. 对折，在开边处画半个圆，剪，使之变成两个半圆，发现剩下部分对称

解析：

两个指向明确的问题，"剪下面的圣诞树"属于观察模仿，"剪其他对称图形"是运用创造。根据课堂观察，学生们的学习轨迹是这样的：画一棵树，剪一棵树—对折，剪半棵树—对折，画半棵树，剪—对折，设计半个图形，剪，学生们一边尝试、一边改进，在同伴的协同下，一步一步地从错误到优化，经历知识形成的过程。整个过程离不开同伴之间的探究与协同。

3. 看学习过程——建构与反思

数学知识习得的过程，类似于建筑学里的建构，需要经历探究、思考、反复修正、不断完善，是一个全过程的综合反映。

案例：

认识三角形

日期：5月6日	学科：数学	听课教师：高艳丽	课题：认识三角形
四年级（7）班	执教：宁俊玲	观察对象：杜同学及同桌	

记录教师的教：	记录学生的学：	
画一个三角形 "你画的三角形和同学画的有哪些一样的特征？"	用尺子画锐角三角形 皱眉，看了周围4个同学的，想重新再画一个直角三角形（用三角尺比着画） 同桌小声说"好像有一样的……"	
	顿悟，放下尺子，说："我知道了，都有三个角，三条边，都一样的……"	◀ 顿悟，发现
你能用一个特征描述三角形吗？	同桌反对，杜同学说不出理由，听同学汇报，点头。 同桌："三个点肯定不行。"	
	杜："嗯，三个点都没有角，应该是三个角，有3个角就是三角形。" 记录：有3个角的图形是三角形。	◀ 对比，分析
	左右看其他小组同学，过了一会儿，说："三条线段也不行，交叉在一起肯定不行。"同桌："就是三个角的图形。"	
汇报，有同学在黑板上画了三个独立的角	看黑板，大声说："这也行？这都不是一个什么图形。"同桌解释："可以把这三个角连起来，也不是三角形，像星星。"，杜同学想了一下，在本子上画，	◀ 质疑、思辨
	疑惑："可是三条线段组成的更不行，看嘛……" 画相交于一点的三条线段 给同桌看。	
	杜同学用手指比画'端点连接'，同桌拿他的笔摆了一个三角形，解释说'围起来，端点连起来……'杜同学不说话，拿走一支笔，又放上去，没听总结……	◀ 接纳、完善

解析：

《认识三角形》一课中，杜同学是如何建构三角形这个概念的呢？从课堂观察中可以看到建构过程。首先，在对比分析中排除了用顶点和边来描述三角形，选择用三个角来定义。接着全班同学一起汇报交流，当有同学提出"我能画出有三个角但不是三角形的图形"时，杜同学遭受当头一棒的打击，他仍然在辨析中试图用实例证明用三个角定义更合适。正当他"山穷水尽疑无路"时，班上其他同学的交流思辨帮助他建构了三角形的概念，如"线段的端点要连接起来""围成一圈"，杜同学用手指比画端点连接，同桌拿他的笔摆了一个三角形，解释说"围起来，端点连起来……"杜同学不说话，拿走一支笔，又放上去，没听总结……建构是一个全方位、长时间的过程，某一节课，或许能完成一个模型的建构，也或许只是一个建构的开始。因为有了如此深入的观察，杜同学没听总结时，他不是在走神，他的思维正在沿着自己的方向深入，而且还会带着他的疑问继续建构三角形这个概念。

4. 看学习结果——迁移与运用

迁移运用是课堂教学的重要目标之一，也是学生需要具备的学习能力。如把两位数乘一位数的计算方法迁移至多位数乘一位数，如学习了平行四边形的面积之后，运用转化思想推导三角形、梯形的面积公式。课堂观察不局限于40分钟内看到的、听到的，还可以是课后捡漏的。例如，人教版三年级下册数学《搭配》例题2，当学生们探究了2件上衣分别搭配3件下装，一共有2个3即6种搭配方法。教师出示另一张图片，让学生预设，假如增加的是上衣，则$3 \times 3=9$种，假如是下装，则$2 \times 4=8$种。下课后，邰奕琪同学走上来说："这让我想起了另一个知识，就是两个数的和相等，当它们相差越大，积就越小，如$50 \times 50 > 49 \times 51 > 48 \times 52$，还有一个就是周长都是16厘米的长方形面积，细长一些的面积小，$1 \times 7=7$，矮胖一些的面积大$2 \times 6=12$，其实都是一个道理。"能把搭配、等周长的长方形面积、等和两数之积这三个知识点串联起来，发现它们具有相同的道理，这是多么让人惊讶的迁移运用！

（二）课堂观察"为什么"

为什么要进行课堂观察？通过学生的表现及行为来判断学，从而分析教，调整教，改进教，最终促进学生的学。

在学习三年级《面积单位》时，同学们完成面积单位的探究之后，教师组织大家交流展示1平方分米有多大，观察员观察到身边的谢同学是这样的：

他用双手的大拇指和食指比画了一个正方形，摸了摸椅子的靠背，回头看钟面的大小，把同桌的笔盒和自己的笔盒拼在一起，小声说"装寿司的盘子"，但是，他的发现并没有机会和同学交流。我在想：下一次，我上这一课的时候，一定要给孩子多一点时间交流，让他们有机会展示自己的发现，多一点学生与学生之间的质疑与碰撞。

再如三年级下册数学广角《搭配》，例题1，用0、1、3、5四个数字能组成多少个没有重复数字的两位数？练习中编排了这样的迁移运用：唐僧师徒四人坐在椅子上，唐僧的位置不变，其他人可以任意换位置，一共有多少种坐法？观察到孩子的学习情况如下：

李同学，想到用排数字的方法来排座位……摆卡片，将3和5交换，想了想，又将3和1交换……最后停下来，不知道怎样换，思维顺序乱了。

张同学，先摆，再记，1305，1503，3501，5103，3105，5301，交流，张说不清楚，有点乱。

邓同学，用卡片交换摆数，边摆边写，看看写的有没有重复，5301、1305、3105、1503，划掉，跟同桌说"不对，应该有顺序"，拿着卡片思考，未果。3个孩子都尝试用交换位置的方法，且陷入同一个困境中，无序。

通过观察3位学生的学习行为，我们会发现：从排列两位数到排列四位数的迁移运用不成功。究其原因：学习例题1时，孩子们重点分析了交换位置法，对于"先确定个位或十位，再选择搭配十位或个位"这种乘法原理的模型未能深入理解，课堂上，更多地顺应了孩子已有经验（交换列举），忽略了对排列组合中本质模型（乘法原理）的探讨及建模，需要教师及时调整教学策略来促进学生的学。这就是课堂观察价值所在！课堂观察是一种理念，它引导教师关注学生的学习，关注学习是否真实发生，并以此来反观教。在精准的观察指导下，及时调整学习内容、方式、过程，课堂才会更有生命力！

三、思想赋能，促进场的变革

思想有多远，路就有多远。构建深度学习课堂，教学环境及氛围也是主要因素之一，即教学的场。场的经营策略是变无政府主义为思想赋能，引入学习共同体理论，为教学插上思想的翅膀。基于深度学习的数学"问题教学"变革实验，在营造教学环境及氛围方面做的实践是走下来、慢下来和静下来，与学习共同体的理念不谋而合。

（一）慢下来

1. 慢下来，给时间探究

案例：

三角形的面积

针对三角形面积计算时为什么要除以2？设计探究活动：

从给出的四个三角形中任选一个算一算它的面积。（材料异质配备：每个小组4个三角形，有的小组4个三角形中有2个是一样的，有的小组4个三角形是不一样的）

解析：

《三角形的面积》原来的探究活动设计，学生的拼摆（两个完全一样的三角形）只需动手不必动脑。

对于三角形面积公式为什么要"÷2"，对六年级学生做了调查，学生的回答是：①书上写的除以2；②老师教的除以2；③背公式的时候记住的；④好像是拼成的2吧。针对这种知其然不知其所以然的现象，设置了上述探究活动。学生经历了问题情境—探索体验—建立模型—求解验证的过程，也是一个再创造的过程。

修改后的探究活动设计，提供材料思维含量高，正确处理了动手和动脑之间的关系，学生通过真正的探究活动积极地去思考，不断进行思维的碰撞，分别建构了"÷2"的不同表达含义：①$ah \div 2$；②$(a \div 2) \times h$；③$a \times (h \div 2)$。这样就实现从直观到抽象的数学化过程。在探究三角形面积计算的这个过程中，教学节奏慢下来，学生呈现出来的是一种看得见的思维。教师在学生探究的过程中，没有过多干涉，没有赶进度、赶时间，而是愿意等，愿意留给学生更多的时间去体验、操作、探索、思考、感悟和交流。课堂依学生学习进度自然推进，有利于展现知识的生成过程，激发学生主动寻找材料的过程，培养学生解决问题的策略意识。其中学生亲历的分析、评价、创造的认知过程都属于高阶思维。

2. 慢下来，突破学科壁垒

《面积单位》几次试教均以失败告终，究其原因：三年级的小学生从学习长度到学习面积，是空间形式认识发展上的一次飞跃，学生的空间观念从一维过渡到二维，面积和面积单位的认识关系到后续的进一步学习。学生对于长度、面积、体积三种单位极易混淆，而且学生的思维能力也相当薄弱。怎样突破这个瓶颈？可以让科学老师上数学课，从科学老师对课堂的处理中吸取经验，打破数学老师固有的完成任务的学科壁垒。

案例：

面积单位

数学教师：

师：1平方厘米有多大？

生1：像指甲盖的面那么大。

师：除了指甲盖还有呢？

生2：像橡皮擦的面那么大。

师：能不能从学具中找出来？

生3：我找到了一个小正方块，它的面积就是1平方厘米。

师：谁剪了1平方厘米？它的边长是多少？

生4：我剪了一个边长是1厘米的正方形，面积就是1平方厘米。

师：谁画了1平方厘米？边长是多少？

生5：我画了一个边长是1厘米的正方形，它的面积就是1平方厘米。

师：你能说说1平方厘米有多大吗？

……

教师：怎样认识1平方分米？

生1：我从学具中找到了一个大正方块，它的面积就是1平方分米。

教师：哪位同学画出来或剪出来了？

生2：我剪了一个边长是1分米的正方形，它的面积就是1平方分米。

生3：我画了一个边长是1分米的正方形，它的面积就是1平方分米。

科学教师：

师：先来解决第一个问题，常用的面积单位有哪些？

生：我从书本上找到，常用的面积单位有平方厘米、平方分米、平方米。

师：会翻阅资料找答案，很聪明！那这些常用的面积单位有多大呀？一平方厘米是多大？

生1：大概像我的指甲盖一样大。（伸出大拇指）

生2：我刚刚用尺子量了一下，指甲盖大约是1厘米。

师：他说的你们同意吗？

生：不是，1厘米是长度，指甲盖的面积大约是1平方厘米。

师：指甲盖接近什么形状？

生：噢！我知道了！边长差不多1厘米的正方形，面积就是1平方厘米。

师：说得非常好！那1平方分米又是多大？

生：10个1厘米是1分米。那10个1平方厘米就是1平方分米。

师：嗯！这是你的想法，其他同学怎么看？

生：老师，我觉得他说的不对吧，你看（拿起1平方厘米的正方形教具），这个是1平方厘米，10个这个正方形就是1平方分米吗？

师：你能勇敢提出自己的疑问，值得鼓励，那你能说说你认为的1平方分米是多大吗？

生：刚刚我们说边长1厘米的正方形面积是1平方厘米，那能不能说边长是1分米的正方形面积是1平方分米？我不知道对不对。

师：大家觉得对不对？

生：我不知道，我很疑惑。

生：我觉得有道理，我用尺子量了一下，这个正方形（拿着面积是一平方分米的学具）边长就是1分米，它的面积我觉得就是1平方分米。

生：边长1厘米的正方形面积是1平方厘米，那边长1分米的正方形面积就是1平方分米了。

师：你是想去证实刚才同学的说法，对吗？

（生点头）

师：去吧，用你的方法解除自己的疑惑。可以摆一摆，量一量，看看是不是这样的。

……

解析：

从数学老师和科学老师上课实录可以看出，两位教师有以下三个方面的不同：一是慢，建模汇报时，当学生没有教师预设的标准答案时，突破不了难点时，数学老师通常是连环追问，科学老师则是闲庭信步；二是放，快下课时，眼看内容完不成，数学老师通常是急刹车，叫停当前任务，先答题，科学老师则是持续踩油门，再放2分钟继续测量，回来再答题；三是舍，探究时，看到学生学习单空空如也，数学老师通常会急于点拨、指导，为后期汇报打造产品，科学老师更能花时间等待。

案例《面积单位》在建模汇报阶段，"面积单位"概念比较抽象，只有充分调动学生的多种感官参与到学习的活动中，才能形成概念的正确表象，借助表象才能进行正确判断和推理。在学生形成概念表象不够顺利时，我们要把课堂节奏慢下来，为学生创设充分的体验活动，如摸数学课本封面、桌面、手掌心的面，感知物体的表面，体验物体的表面有大有小。把1平方厘米、1平方分米、1平方米的大小联系生活实际通过直观形象的实物表面的大小的认识，增加学生的形象记忆，使学生对各个面积单位形成表象认识，从而让课堂节奏慢下来。

数学建模的放，不是教师简单地给出课题，然后让学生漫无目的地讨论、交流，而是放手让学生去探索，教师应该考虑什么时候让学生去探索、怎样去探索、问题怎么提、大概需要多长时间、可能会出现哪些情况、应做怎样的适时引导或点拨等。教师要让学生明确在课堂上要进行什么活动，讨论什么问题，得出怎样的结果。这就要求教师既能放得出去，又能收得回来。放手就是把时间和空间交给学生，让他们通过观察、操作、独立思考及群体讨论去获得数学知识。作为一名教师，不应担心课堂时间不够，不应害怕知识讲不透。当你肯放开呵护的双手，多给孩子一些机会；让他们自己去体验，多给孩子一点困难，让他们自己去解决；多给孩子一些问题，让他们自己去寻找答案，你就会发现，孩子是一个真正的发现者、研究者、探索者和创造者。

3. 慢下来，让问题生根发芽
案例：

小数加减法解决问题

学生呈现出几种不同的方法，并在黑板上记录下来：

方法一：6.8+2.5+0.6=9.9（元）　　9.9<10。

方法二：10-6.8=3.2（元）　　0.6+2.5=3.1（元）　　3.2>3.1。

方法三：10-（6.8+2.5）=0.7（元）　　0.7>0.6。

蔡："我还是不明白方法二为什么用10减6.8，后面一条算式又是加法，一会儿减，一会儿加，我都晕了。"

陆陆续续又听到几个同学说："我也不是很明白……"

于是，接下来又是一番思辨答疑，非常精彩……

有同学指出："方法二和方法三其实是一样的，都是用剩下的钱和要买的东西进行比较……"

黄："我能用一个例子说明白这个道理，其实就是一个'对战游戏'，10元就是我的总能量，要对战3样东西，我可以先对战一个，再对战两个，也可以同时对战三个。"

游戏里的"对战模式"被运用到了数学问题上，了不起！

疑惑解决了，新问题又来了……

霞小心翼翼地举起了手："可是我不明白10减6.8是怎样得到3.2的？"

解析：

孩子们的想法是多种多样的。在作者解释自己的思路时，其他同学在做文明的听众。这种看似流畅的程序下，学生学习发生了吗？有没有学生仍是存在疑问的？怎样让学生心中的问题显现出来？就要让这种流畅的程序更慢一些！老师是这样提问的："哪种方法与你的不一样？你看懂了什么？"如此，变"听作者讲述"为"我看懂了他的思路"，让自己的方法与同学的方法在对比中碰撞，这样来来回回中，学生们的思维就有了生长点，问题也就随之而来了。

霞是一个平时胆怯，不敢大声说话的小姑娘，在大家都懂了，已经结束的时候，勇敢地说出了她的疑惑……蔡是个思维敏捷的孩子，他提出来这个问题的时候，老师愣了一下，心想其他同学不明白还能接受，连蔡都不明白的话，老师就要思考：哪里出问题了呢？这个时候老师一定要把握课堂节奏，要喊停，要慢下来。孩子遇到的这些问题是预设不到的，就是因为慢下来，给了问题生长的机会，给了思维碰撞的空间。

（二）营造学习共同体

数学"问题教学"废除了秧田式座位，将座位按"U"字形排成三大部分，"U"字开口面对讲台。表面上看这是座位形式的变化，实质上是教学形态及教学文化的变革，目的在于方便教师与学生、学生与学生的倾听、对话与合作。教师站在教室中间，改变以往站在讲台上权威地讲授和监控的局面。"U"型座位的中间通道也是教师的高速通道，便于快速出现在需要指导的学生面前，为协同学习做个别指导。而当学生发言时，老师站在学生的斜对面，而不是对面。这样不仅增强了交往深度，更能催生"等距离的爱"。建立温暖润泽、平等互助的人际关系，让学生通过自主的、协同的方式进行高品质的学习。

学习共同体的营造通过培养学生有效倾听和对话、培养独立与协同的关系让学生真正静下来，围绕核心素养设计教学，促进思维生长和发展，回归学科本质，让学习真正发生。

1. 以建模说语流

案例：

分数与除法

师：观察上面2个算式（$1 \div 3 = \dfrac{1}{3}$ 和 $3 \div 4 = \dfrac{3}{4}$），你发现分数与除法有什么关系？（全班先独立思考，1分钟后协同）

杜：被除数是分子，除数是分母。（上讲台，指板书）你看1在这里是被除数，到分数这里就是分子，3在这里是除数，到分数这里就是分母。

卿：我有不同意见，应该说被除数相当于分子，除数相当于分母。他们虽然数字一样，但是位置变了，名称也跟着变了。

梁：我同意张汉卿的说法，这里用"相当于"更准确。

欧阳：可以用字母来表示分数与除法的关系：$a \div b = \dfrac{a}{b}$。

姚：这里还要强调 $b \neq 0$，因为b是除数，除数不能为0。

李：我同意，我们学过0作除数没有意义。

天：我同意，这里b不仅是除数，也是分母，分母也不能为0。

官：我觉得这里的a也不能是0。

柴：我想问官孟鑫，你为什么说这里的a也不能为0呢？

官：我觉得0做分子也没有意义啊！

范：我不同意，这里的a是分子，就是除法中的被除数，我们以前学习的被除数是可以为0的。

甘：我还是不明白，这里的a到底能不能是0？

师：分数的分子到底能不能是0呢？你能结合分数的意义想一想，说一说吗？

邹：我来说，我觉得a可以是0。比如说把一个蛋糕平均分给4个小朋友，每

个小朋友应该分得 $\dfrac{1}{4}$ 个，大家可以想一下，现在把蛋糕切好了，还没开始分，

这时每个小朋友手里就是 $\dfrac{0}{4}$ 个。

蒋：还可以这样说，把一个蛋糕平均分给4个小朋友，每人都拿走了 $\dfrac{0}{4}$ 个，这时桌面上还剩 $\dfrac{4}{4}$ 个。

袁：综合以上同学的说法，我们觉得：分数的分母不能为0，否则没有意义。但是0是可以做分子的，当分子是0的时候，整个分数就是0。

解析：

倾听是语流的基础，语流是对倾听产生的化学反应。语流不仅仅是一个接着一个说话，而是学生在倾听的基础上生长的一系列高阶思维：分析、判断、反思，重新建构。

建模环节学生围绕分数与除法之间的关系展开交流。语流体现卿同学和杜同学的回答内容关联；卿同学在认真倾听的基础上，对杜同学的回答作出判断、分析、补充，当杜同学说到"被除数是分子，除数是分母"时，针对这一说法他提出不同表达，"被除数相当于分子，除数相当于分母"，并且说出自己不同意见的理由，"他们虽然数字一样，但是位置变了，名称也跟着变了"。指的是 $1\div3=\dfrac{1}{3}$ 中，同一个数字1，在除法中是被除数，在表示结果的分数中就是分子。接下来官、柴、范、甘、邹、蒋等同学则围绕分子能不能为0展开建模交流，范同学以除法中的被除数类比分子可以为0，按以往的课堂，其他同学也就默认了，可是甘同学则提出"我还是不明白，这里的分子到底能不能是0？"甘同学是个思维敏捷的学生，他何以提出来这个问题？甘同学都不明白的话，其他同学不明白的估计不在少数，这个问题不能就此过去，范同学回答仅仅停留在概念上，难怪会不懂，这时邹同学、蒋同学分别从分数的意义角度举例说明分子可以为0，并且得出当分子是0的时候，整个分数的大小为0的结论。

2. 以探究说协同

案例：

三角形的认识

探究活动设计：先画一个三角形，和周边同学画的有哪些一样的特征？

周同学比较自己与同伴画的三角形，有的是直角三角形，有的是钝角三角形，有的大一些，有的小一些，觉得没有一样的，感觉都不一样，表现出很困惑，发现了不一样的特征，便开始怀疑老师的问题是否对……

与同伴交流，同伴先是困惑，而后自言自语："老师让找一样的特征，应该有一样的吧……"他也不确定。

然而周同学似乎受到了他的启发，顿悟到："我知道了！"并且讲给同伴听："你看，这两个三角形虽然外形不同，可是都有三个点、三条边、三个角，这应该是所有三角形都有的，就是一样的特征。"

师："用自己的话描述什么样的图形是三角形？"

甘家泉同学首先写了"有三条边的图形是三角形"。

同伴交流觉得要加上"组成"，有三条边组成的图形是三角形。

甘家泉同学思考了一下跟同伴交流："组成三角形之后才叫边，没有组成三角形之前不能称作边，怎么说好呢？"

同伴觉得是直线。

甘同学不同意，觉得应该是线段，改为：由三条线段组成的图形是三角形。

这时同伴画出一个由三条线段组成，但不是三角形图案提出质疑。

甘同学思考了一会，不知道该怎么表达。

同伴建议改为"围成"。

甘同学就在草稿本上画了一个又一个三角形，边画边看同伴的图，最后终于改为"由三条线段围成的图形是三角形"，并兴奋地跟同伴说：围成就是这个（线段）的头连着这个（线段）的尾，三条（线段）围在一起。

解析：

周同学和甘同学共同完成的学习任务是：探究三角形的共同特征和描述什么么样的图形是三角形。在探究中沟通、交流和分享，各自思考，形成学习资源相互影响、相互促进、相互启发的学习局面。无论是探究三角形的特征还是探究三角形的概念的描述，都不是独立个体完成的，也没有施教与受教之分，彼此形成的是协同互助的关系。每一次思维的生成都受到来自同伴的启发，或比较、或分析、或筛选、或质疑、或判断，在思辨的过程中亲历概念的本质意义的产生，对三角形概念的描述由模糊到清晰，慢慢浮出水面。在学习中，每一个人都是平等的，身上都有值得学习的地方，都以尊重别人的心态，平等地对待身边的人。

在学习共同体的营造中，倾听也是一种学习，在倾听中思考的学生，才会分享更多的可能性；独立学习是协同学习的前提，协同学习与小组合作学习是不同的，协同学习更多的是发生在学习个体及与其发生学习关系的同伴之间，协同学习是需要训练的，数学"问题教学"中的探究问题可以成为训练协同学习的很好的载体。

第三章 基于深度学习的科学"现象教学"

　　科学教育，如何从科学实验走向科学实践？基于深度学习实验的"现象教学"注重联系学生生活实际，引导学生关注与发现生活中的问题。通过探究建构科学实践与生活现象的联系，从而达成用科学知识解决生活问题的目标。

　　现象引入包括生活现象引入和实验现象引入两种。生活现象引入，是通过充分运用学生身边真实而又与科学知识息息相关的问题，激发学生的探究欲望，引领学生的探究从科学实验走向生活实践，培养学生的问题解决能力，帮助学生获得科学探究的成就感。实验现象引入，是通过演示直观的实验现象，引发学生认知冲突，激发学生探究欲望，引发深层思考，用科学知识来解释科学现象，培养学生的科学思维及严谨的科学态度。

第一节　科学"现象教学"概述

2018年12月19日—21日,第二届全国青少年科学研讨会在东莞松山湖中心小学成功举办,刘庆兵副校长与姚菊容、陈晓敏两位老师为与会代表分别做了"现象教学"专题讲座与课例展示,分享了基于深度学习实验的"现象教学"实践与研究,成为研讨会的关注热点。在研讨会上,特邀专家、著名特级教师刘晋斌校长在点评时赞叹:"松山湖中心小学的学生非常棒!真的非常棒!学生就是一面镜子,反映的是学校的常态教育,学生的自我调控、思维发展、批判精神、科学素养都体现在课堂中,让我看到了松山湖中心小学的教育理念以及科学老师平常上课的状态。"

"现象教学"有什么魔力,如此吸引与会专家、代表的眼球,赢得如此高的赞誉?

一、深度学习教学变革深在哪里?具体到科学"现象教学"又深在哪里

季荣臻(无锡):深度学习源于美国,主要指向六大能力。我想请问一下,贵校开展的基于深度学习的教学变革深在哪里?具体到科学"现象教学"又深在哪里?

莫春荣:深度学习的教学变革深在课堂研究操作三要素:学科深度、交往深度、思维深度。"现象教学"深度体现在让学生建构科学探究与科学现象的联系,让学生建构科学探究与科学概念的联系。

美国SDL的准实验研究从认知、人际、个人三个维度对深度学习做了如下界定:深度学习是学生胜任21世纪工作和公民生活必须具备的能力,这些能力可以让学生灵活地掌握和理解学科知识以及应用这些知识去解决课堂和未来工作中的问题,主要包括掌握核心学科知识、批判性思维和复杂问题解决、团队协作、有效沟通、学会学习、学习毅力六个维度的基本能力。我们据此提出与

之大致相对应的学科深度、交往深度、思维深度为深度课堂研究操作三要素。要素一，学科深度——落实学科核心素养，提升课程教学的效度；要素二，交往深度——培育学习共同体，提升课程教学的温度；要素三，思维深度——发展高阶思维，提升课程教学的广度。

"现象教学"源自芬兰，即基于现象（主题）的教学，指按照某一现象来实现跨学科的主题教学。我们所说的"现象教学"指从某一科学现象（或科学问题）出发所展开的科学探究教学活动。它从现象的真实性（创设真实情境与设计驱动性问题）、探究的有序性（建立探究任务与安排探究环节）、思维的深刻性（掌握探究方法与建构科学概念）三个视角进行研究，包括三部分内容：现象引入，从贴近学生生活的科学现象出发，提出驱动性的问题（任务），激发学生探究的欲望；探究活动，在活动中习得科学方法，建构科学概念；科学实践，运用科学方法和技术，解决实际问题。

刘晋斌（杭州）：今天听了刘庆兵副校长《基于深度学习的"现象教学"实践与研究》专题报告，建立生活联系和建构科学概念给我留下很深的印象，远远超越了科学实验层面，这是否是"现象教学"的追求？

姚菊容：从科学实验走向科学实践，就是"现象教学"的追求。

学校在建校之初就配足了科学教室、配足了科学仪器、配足了专职的科学老师、开足了科学课，演示实验、分组实验开出率达100%。在这个基础上如何再向前迈进一步？如何从技能型教学向能力型教学迈进？

目前，科学教学存在两大问题：①学生们在科学课中对科学实验很感兴趣，却对生活中的一些科学现象（科学问题）熟视无睹，更不会主动进行探索与研究；②学生在科学课上进行实验探究热火朝天，实验结束却没有发现什么科学规律或得出什么科学结论。

为解决科学课堂教学中的两大难题，培育深度课堂，从技能型教学向能力型教学迈进，培养学生的深度学习能力，全面提升学生科学素养，经过反复研讨论证，科学科组决定开展基于深度学习实验的"现象教学"探索实践。

二、"现象教学"是怎样落地的？学生是否真的发生了变化？

顾长明（江苏）：反观今天展示的两节课例，它们都源于教材，又与原教材有所不同，这是不是"现象教学"的一大特点？你们是如何开展"现象教学"的?

陈晓敏：在推行"现象教学"时采取了五个策略：教学内容梳理与整合、课例摸索与普及、实验研修与教学、课堂融合与突破、备课与听课革命。

如教材梳理与整合，我们从现象的真实性（创设真实情境与设计驱动性问题）、探究的有序性（建立探究任务与安排探究环节）、思维的深刻性（掌握探究方法与建构科学概念）三个视角对一至六年级的教材进行了梳理，选取部分适用"现象教学"的教学内容进行教学设计。（表3-1-1）

表3-1-1　教材内容整合摘选

年级	整合前	整合后
一年级	《纸的吸水性》	《制作纸水杯》
	《观察橘子》	《制作小橘灯》
二年级	《月亮的变化》	《了解月相小秘密》
	《枫树与竹叶》	《这是谁的叶子》
三年级	《蚕宝宝变样了》	《蚕宝宝生长记》
	《水能溶解哪些物质》	《调制一杯饱和糖溶液》
四年级	《控制灯泡的亮与灭》	《给电路装开关》
	《我们的小乐器》	《设计制作乐器》
五年级	《物质的燃烧》	《让火烧起来》
	《水去哪里了》	《怎样让衣服快速干》
六年级	《酸奶的秘密》	《制作可口的酸奶》
	《呼吸》	《你的肺活量有多大》

整合后的课例都有以下共同特点：更具驱动性、趣味性、生活化；融入工程与技术；指向复杂问题解决能力和批判思维的培养。

张国华：如备课与听课革命，传统的备课通常是写详细的教案，但事实上并不适用所有的班级与学生，且耗费了大量的时间与精力。通过深度学习与教学变革，科学科组研制了学习单。学习单主要由现象引入、任务清单、备注、课后小记构成，其中现象引入和任务清单指向学生的学，任务强调问题意识和学科的核心素养；备注和课后小记是教师在本节课中关注的问题以及课后的体会与收获。

如何判断学习是否真正发生？如何从学生的学反观教师的教？科学科组掀起听课革命——课堂观察。将传统的听课改为深度课堂观察，主要内容有观察焦点及观察焦点课后议；重点内容是观察某一个学生及其小组，聚焦深度课堂四特征，观察其学习是否真正发生。从看教师转变为看学生，看学生怎样学、学得怎样；从看场面转变为看焦点，看焦点学生、焦点问题。课堂观察在学习内容方面，看学生是否把握本质与变式；在学习过程方面，看学生是否开展了建构与反思；在学习方式方面，看学生是否亲历了探究与协同；在学习结果方面，看学生是否学会了迁移与运用。

如课例摸索与普及，"现象教学"常态化实施离不开课堂教学实践，科学科组成立了"现象教学"研究工作坊，招募教有余力、学有兴趣的教师开展"现象教学"课例研究。近两年来，结合教材中的教学内容，开发了《纸的吸水性》《控制灯泡的亮灭》等72节课例，打造出《让种子飞起来》《让小车动起来》《梁桥的秘密》等16节经典课例。同时，通过对这些课例进行提炼，探索出"现象教学"的三种基本课型："现象引入—探究—发现规律；现象引入—设计—创造作品；现象引入—探究—发现规律—创造作品。"着力通过教学结构化探索，构建"现象教学"教学模式。

莫春荣：如实验研修与教学，"他山之石可以攻玉"，为了进一步提高教师实验技能与教学方法，科学科组进行了实验技能研修。基于教材的系列技能研修活动不仅提高了教师的实验技能，同时也能提高课堂效果。在技能研修遇到问题时，大家就会自然而然地思考在课堂中遇到问题，该怎样进行辅导，也会将这些实验运用到实际教学中。

目前，实验技能研修正向实验教学研修进发，包括《藏在罐头里的秘密》《水循环》《自制温度计》等教材中的实验。在胡杰慧老师的组织下，通过实验教学研修，让所有教师在实验教学中更得心应手，不会因课堂出现的问题而手忙脚乱。

如课堂融合与突破，"现象教学"通过课堂融合与突破的策略，实现课堂无边界。

首先，让探究从课堂延伸到课后，突破时间的壁垒。例如，三年级下册《种子发芽了》，简玲珊老师以"种子萌发时是先长根还是先长芽"点燃学生探究的欲望，引导学生持续观察一周，让科学课堂不因铃声结束而结束。

其次，采取"请进来，走出去"的方式，突破空间的壁垒。邀请许多科学家进校园开展讲座，陈贺能、潘习哲、徐德诗等科学家接踵而至，这个学期中国科学院专家李廷芥教授来开展了"我与核试验"科普讲座；散裂中子源、华为、广东医学院、东莞理工学院的工匠们也来了，和学生一起分享科学研究的经历和故事。以往探究只发生在课室中，现在带着学生走出课室进行探究、观察，如《校园里有什么小动物》《太阳灶》《探访万科研发中心》等，让家庭、社区、工厂、大自然成为广阔的科学教室。

最后，根据教学内容，注重加强学科之间的融合，突破学科的壁垒：三年级上册《观察蚂蚁》一课中要求学生在观察时画蚂蚁，与美术学科进行了融合；三年级下册《种子发芽了》一课，融合数学，以测量绿豆的高度、茎的粗细来记录种子的成长；"松山湖水质的调查"，学生在调查松山湖水质后给环境局写了一份建议书，与语文学科进行了融合。

课堂无边界，有效地扩大了科学课堂的外延，激发了学生的科学志趣，提高了学生的科学素养。

王海明（山东）：姚菊容和陈晓敏两位教师都能够紧扣学生生活实际，通过现象引入，设计由易到难的探究任务，让学生经历了完整的探究过程，轻松地掌握了探究方法、建构了科学概念，发展了高阶思维。我想请问一下"现象教学"对教师们起到哪些促进作用？

刘庆兵：基于深度学习实验的"现象教学"既提升了教师教学理论水平，又提升了教师课堂教学水平，还提升了教师教育科研能力。

科组老师在东莞市教师评优活动中表现特别突出，东莞市一共评了四批学科带头人和教学能手，其中学科带头人11人，我们学校占2人；教学能手64人，我们学校占了6人，而整个东莞市有365所学校，占比之高让人惊讶（表3-1-2）。

表3-1-2　科学教师获评市学科带头人、教学能手情况统计

	学科带头人	教学能手
全市四批获评总数	11	64
中心小学获评总数	2	6
我校占比	18%	9%

2015—2017年教育部对义务教育质量进行了检测，其中经常使用教学实验室的老师占42%，教学水平高的教师只占37%；而在我们学校常用实验室的教师占100%，教师的探究水平也非常高。

教师们变得更加能说会写。近年来，教师们编著了《科技与梦想起航》《让科学流行起来》《从科学实验走向科学实践》3本专著，编写了《做上学》（1套4册）、《遥控车辆模型知识》《金湾航空》3套校本教材；分别在《科学课》《中国教师》等期刊杂志上发表了36篇文章；3位教师在全国教学年会、全国青少年科学教育研讨会的大舞台上进行教学展示。2017年，姚菊容老师获广东省首届青年教师技能大赛小学一等奖；2018年，莫春荣老师获广东省小学科学优质课评比一等奖。

教师们的科研能力也得到了很大提升。近年来，教师们主持（参与）的课题达26项，其中《"有效教师"群体发展的实践研究》荣获广东省教育科学"十二五"规划2015年研究重点项目立项，研究成果获2016年广东省中小学教育创新成果二等奖、2018年广东省教育教学成果二等奖；《"4C"理论在小学科学课堂教学中的研究与实践》立项为东莞市教育科研"十二五"规划课题2015年度课题，同时立项为广东省教育学会小课题，并获广东教育学会第二届教育科研规划小课题研究成果二等奖；《科技体育进校园的实施策略研究》课题立为东莞市"十二五"期间普通教育科研课题2011年规划项目，并获东莞市教育科研优秀成果二等奖。

成艳萍（广州）：两天的松山湖中心小学之行，参与了四个专题教学活动；听了五堂公开课、四个专题讲座、四位专家的主题发言；与三个不同的团队进行了交流与探讨；参与了一个体验活动；听取了两位乡村教师的教学追求；自己也与同行们进行了教学分享……整个活动精彩纷呈！这里的学生给我留下了深刻的印象：是学生成就了两天的精彩！松山湖中心小学的学生有着很丰富的课外知识，很严谨的科学思维，强烈的质疑批判精神，令人无比赞叹的课堂常规，逻辑有序、条理清晰的课堂发言！因为有了他们，令课堂大放异彩！请问你们有没有对学生进行科学素养测评？有没有相关的数据？

张国华：为了检验"现象教学"的实施成效，学校每学期都会对全体学生进行测评，测评包括实验操作和研究方案，以考查学生的实验技能和探究能力，在没有开展"现象教学"之前，两项测评优秀率都不算高。但经过两年的积累与沉淀，学生的优秀率分别达到了98%和93%。我们还对学生进行问卷调查，通过问卷调查发现学生能够主动探究生活现象的人数比例也有了很大的提升（表3-1-3）。

表3-1-3　学生科学素养测评情况统计

时间	实验操作测评优秀率（测量水温变化）	研究方案测评优秀率（鸡蛋撞地球）	主动探究生活现象（问题）学生人数比例
2008—2009学年	73%	66%	47%
2017—2018学年	98%	93%	81.5%

广东省青少年"小院士"评比，我们占比非常高（表3-1-4），这也从侧面反映了"现象教学"对我校学生科学素养有很大的促进和提升。

表3-1-4　广东省青少年"小院士"获评情况统计表

	广东省首届青少年"十佳小院士"	广东省首届青少年"小院士"	广东省第二届青少年"小院士"
广东省获评总数	10	44	31
我校获评人数	1	2	5
我校获评占比	10%	4.5%	16.1%

2017年12月，在东莞市青少年科技创新大赛中，我校8项参赛作品在1867项作品中脱颖而出，荣获5项一等奖、1项二等奖、2项三等奖，我校已连续两年获优秀组织奖。其中，张国华、刘云老师带的五年级三位同学自主研究的《易识花，花易识——识花软件精确度的探究》获东莞市科技创新大赛小学组第一名，成功晋级省赛，随后在汕头举办的省赛中又获得广东省科技创新大赛二等奖并同时获得火柴教育创新奖。我们的学生参加各种科技类赛事均获得了很好的成绩。事实证明，经过"现象教学"的实践后，学生们发生了巨大的变化。

2018年科技节，我们科组举办了"科学达人"的项目挑战，共有17个项目，每个项目最高纪录者都挂在科学课室外面的宣传栏上，其中科学达人彭宇石是降落伞纪录创造者，他在获奖感言中写道："99次的失败并不妨碍第100次的成功。"

三（11）班的黎丽娴同学学完《蚂蚁》一课后，利用国庆假期自主探究"蚂蚁喜欢吃什么"，三（7）班的王睿涵同学，刚学完壁虎的结构，但他仍有疑问，刚好那天他回家见到了壁虎，便轻轻地把它放在手上观察，并把它的身体结构画了下来。类似这样的例子还有很多很多。

综上所述，"现象教学"让学生从科学实验走向科学实践，从科学探究走向建构科学概念，激发了学生的探究欲望，发展了学生的高阶思维，大大地提升了学生的科学素养。

第二节　案例与解析

一、要素导航，促进教的变革

（一）现象之引入

"现象教学"的关键在于用教材教而不是教教材，其内涵是在教学过程中，不是简单地向学生讲述教学内容，传授科学知识，而是要根据当地学生的实际情况，以教材为范例，在深入理解教材的基础上，创造性地使用教材内容来开展教学，引导教师、学生、教材三者开展深度互动交流。它的本质是强调教师要重新研读与理解教材，研究与总结教学策略，继而整合教学内容，从而用教材教。

现象引入的前奏：首先对整个小学的科学教材进行了分析与梳理，哪些课适合运用"现象教学"的方式进行教学？把这些课例统一归类，然后对这些课例进行改造并深入研究，对教学内容进行重组与整合。例如，把三年级《材料与沉浮》改造为《让土豆浮起来》；把四年级《控制灯泡的亮与灭》改造成《给电路装开关》；把五年级上册《种子的传播》改造为《让种子飞起来》；把三年级下册《蚕的一生》改造为《桑叶洗过能喂蚕吗》；等等。

现象引入的方法是创设一个生活中的现象或者设置一个生活中的科学问题，引导学生展开科学实践活动，包括生活现象引入和实验现象引入两种。

1. 生活现象引入

案例1：

让一杯浊水变清

师：连日暴雨之后，水龙头放出的水很浑浊（出示一杯浊水），请观察这杯浊水，说说你的发现。你们能想想办法让这些浊水变清吗？

生：可以让这杯水放一段时间，它慢慢就变清了。

生：可以用过滤的方法，让浊水变清。

师：在生活中我们可以利用什么材料进行过滤？

生：沙子、石头、碳、纱布、网等。

师：我们这节课就一起利用这些材料让这杯浊水变清。（板书：让一杯浊水变清）

案例2：

让种子飞起来

师：同学们，昨天老师给大家推送了微课，大家都看了吗？现在我们一起回顾微课的精彩部分。

问题：是谁帮助它们"飞"到沙漠里、峭壁中、屋顶上的呢？

师：对于这个问题，你是怎么想的？

生：我认为有些可能是风把它们吹上去的，有些是小鸟叼着种子带到那里的。

师：它借助了风或者小鸟的帮忙。

生：我认为可能是在太阳暴晒的情况下，植物里面的种子弹射出来而种下的。

师：它是利用自身的弹力。

生：据我观察，我认为可能是种子粘在小鸟的羽毛上，小鸟飞到哪里，种子就落到哪里。

师：你说得非常好。

生：我觉得有些种子可能被水流从上游带到了下游。

师：从你们的回答中可以看出大家的知识面非常广阔，微课的学习效果很明显。我们知道种子可以借助风、鸟自身弹力，或者水来帮忙传播，那这节课我们就来学习《让种子飞起来》。（板书课题）

案例3:

自动浇水器

师:(出示课件)看!这是我们三(7)班阳台,种满了各色植物,生机盎然的。可是每逢节假日,没有人给这些植物浇水,它们就会慢慢枯萎了。你有什么办法解决假期给植物浇水的问题吗?

生:我们可以把花盆放到装有水的盆里面。

生:我不同意这种做法,这样花也会死的。

师:那还有什么办法在假期里给植物浇水呢?

生:我们看可以用纸巾做水桥,给花浇水。

生:我觉得用棉绳来做水桥效果应该会更好。

师:除了用纸巾、棉绳,还可以用其他材料做水桥吗?用塑料绳可以吗?用布可以吗?

师:究竟用什么材料来做水桥?怎样做?我们今天这节课一起来研究自动浇水器。(板书课题)

解析:

案例1《让一杯浊水变清》是由六年级下册第四单元《守护家园》中的26课《保护水资源》整合而来,原教材引入的生活情境是:小朋友们在郊游,走到一个湖边,湖水绿绿的。波波赞叹水很绿,彬彬却认为水不一定净,可以调查水质情况,于是琪琪提出问题"怎样进行水质调查"。

案例2《让种子飞起来》是由五年级上册第二单元《生命的延续》中的11课《种子的传播》整合而来,原教材引入的生活情境是:琪琪和波波从房间的窗户往外眺望风景,发现旁边的楼顶上长着开小黄花的黄鹌菜。黄鹌菜是在户外很常见的一种野生草本植物,人们一般不会专门种植,由于房顶不方便上落,而且黄鹌菜不是观赏植物,当波波看见房顶上有黄鹌菜时便产生了疑问"是谁把它们种到房顶上的"。

案例3《自动浇水器》是由三年级下册第二单元《材料的选择》中的第5课《花盆补水器》整合而来,原教材引入的生活情境是:三个小朋友在阳台观赏植物琪琪在浇花,妍妍提出可以用花盆补水器代替人工浇花。当妍妍提出自己做花盆补水器时,问题就自然产生了:"用什么材料做花盆补水器""怎样把瓶子里的水引到花盆里"。

这三个案例引入的生活情境都带有驱动性任务，也存在一个共同的问题：非常贴近学生的生活。连日暴雨后水龙头流出来的水很混浊；是谁帮助它们飞到沙漠里、峭壁中、屋顶上；假期阳台上的绿色植物枯萎了。这些真实而又紧密联系学生生活的问题，激发了学生的探究欲望，引领着学生的探究从科学实验走向生活实践，不仅有利于培养学生的问题解决能力，而且能帮助学生获得科学探究的成就感。

2. 实验现象引入

从现象真实性的视角对粤教科技版小学科学1~6年级的教材进行梳理和整合，其中1~3年级以实验现象引入的课例摘录如表3-2-1：

表3-2-1　1~3年级的教材课例摘录表

一年级		
原课题	整合后课题	实验现象引入
《往水中加点东西》	《白糖去哪儿了》	把白糖放入水中，问白糖去哪里了？
《空气还藏在哪儿》	《空气捉迷藏》	小砖块放入透明水槽中为什么会冒气泡？
《哪些物体是浮的》	《沉浮对对碰》	橘子和猕猴桃同时放入水槽中，谁沉谁浮？
《我的小船》	《让橡皮泥浮起来》	把实心长方体橡皮泥、实心球体橡皮泥分别放入水中，你有什么猜想？
《纸都吸水吗》	《制作纸水杯》	往面巾纸和腊光纸上同时滴上一滴水珠，发生了什么现象？
《让纸张更结实》	《用纸做"跳绳"》	对比几种纸条，哪种纸条更结实？
二年级		
原课题	整合后课题	实验现象引入
《有趣的钓鱼玩具》	《磁铁去旅行》	磁铁能吸哪些物体？
《磁铁小车》	《磁铁的秘密》	为什么磁铁指挥棒指挥磁铁小车向各个方向运动？
《会"辨"方向的玩具鸭》	《小黄鸭找妈妈》	为什么小黄鸭上放了磁铁在水中就能指方向？
《做磁铁玩具》	《磁铁玩具发布会》	为什么有些笔放在磁铁上能悬浮起来，有些却不能？
《喷气小车》	《喷气玩具的奥秘》	把气球吹大，松手后为什么会到处乱飞？
《纸陀螺》	《让纸陀螺多转一会》	让两个纸做的陀螺同时转起来，为什么一个转得更久？

三年级		
原课题	整合后课题	实验现象引入
《能溶解多少物质》	《谁溶解得更多》	分别在两杯100ml的水中放入糖和盐，有什么发现？
《食盐还能分离出来吗》	《把食盐分离出来》	浓盐水放在窗台上变成了白色晶体，怎么回事？
《身边的物品》	《黑盒子游戏》	用手摸黑盒子里的物品，猜猜是什么？
《质量的测量》	《哪个质量更大》	观察两个木块，猜哪个质量更大？
《材料与沉浮》	《让土豆浮起来》	把土豆放入水中，你有办法让土豆浮起来吗？
《花盆补水器》	《自动浇水器》	你有办法解决假期给植物浇水的问题吗？
《冰、水和水蒸气》	《水只有液态吗》	水只有液体这种形态吗？

解析：

一年级上册《纸都吸水吗》任务驱动情境是教室里正在上书法课，学生们在练习用毛笔写字时发现，有些纸不吸水，不太适合写毛笔字，从而提出问题：纸都吸水吗？整合后的实验现象引入是教师将水滴在面巾纸和腊光纸上，让学生们观察有什么发现。学生们通过观察发现在面巾纸和腊光纸上滴同样的一滴水，有的小水滴很快就消失了，有的小水滴慢慢变成小水珠。教师继续追问：在报纸、打印纸、作业纸、科学书、笔记本上滴上同样的小水球，它们会怎么样呢？

二年级下册《纸陀螺》任务驱动情境是波波和琪琪观看高年级的哥哥玩陀螺时，发现哥哥们玩的陀螺是纸做的，感到非常好奇：纸也能做陀螺吗？怎么做纸陀螺呢？整合后的实验现象引入是教师手拿两个纸陀螺，问大家这两个陀螺哪个能转得更久？为什么？

三年级下册《材料与沉浮》一课任务驱动情境是学生们在游泳池旁，发现塑料做的浮板和救生圈都可以浮在水面上，从而提出问题：还有什么材料可以浮在水面上呢？调整后的实验现象引入是教师手拿一个土豆，问学生土豆放入水中是沉还是浮？学生有的说是沉，有的说是浮，教师把土豆放入装了三分之二水的水槽里，结果发现土豆是沉的，于是提出问题：你有什么办法让土豆浮起来吗？

将这些案例引入的情境都是带有驱动性任务的生活情境，也都离学生的实际比较远，可以把它们调整成更直观的实验现象来引入，引发学生认知冲突，激发学生探究欲望，引发学生深层思考。

（二）现象之生长

1. 现象引入—探究—发现规律

案例1：

梁桥的秘密

科学"现象教学"学习单

<u>五</u> 年级 <u>下</u> 册 <u>第二</u> 单元 <u>第10课</u> 课题 《梁桥的秘密》

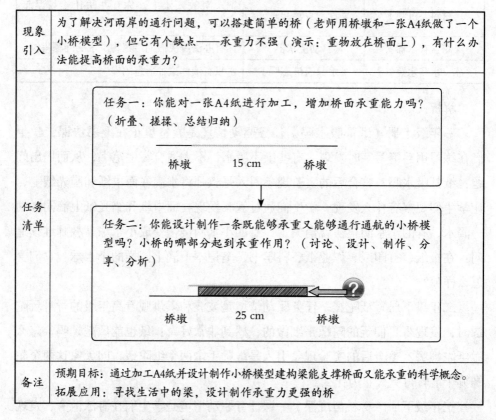

现象引入	为了解决河两岸的通行问题，可以搭建简单的桥（老师用桥墩和一张A4纸做了一个小桥模型），但它有个缺点——承重力不强（演示：重物放在桥面上），有什么办法能提高桥面的承重力？
任务清单	任务一：你能对一张A4纸进行加工，增加桥面承重能力吗？（折叠、搓揉、总结归纳） 桥墩　　　15 cm　　　桥墩 任务二：你能设计制作一条既能够承重又能够通行通航的小桥模型吗？小桥的哪部分起到承重作用？（讨论、设计、制作、分享、分析） 桥墩　　　25 cm　　　桥墩
备注	预期目标：通过加工A4纸并设计制作小桥模型建构梁能支撑桥面又能承重的科学概念。 拓展应用：寻找生活中的梁，设计制作承重力更强的桥

课后小记：此课内容是粤教科技版小学科学五年级下册第2单元《桥梁》单元的第二课《平直的梁桥》。教材包括两部分内容：小桥能承多重、小桥能够承重更多吗。我们把教学内容进行重新整合、创新编排，课题改为《梁桥的秘密》，第一部分为探究提高桥面承重的方法，第二部分为设计制作梁桥模型，第三部分为联系生活实际，拓展延伸。这样有序地设置探究环节，学生能顺利

通过研究影响梁桥桥面承重的因素，设计和制作小桥，探究发现梁桥的秘密：梁既能够增加桥面承重力，又能够支撑桥面。

案例2：

变色花的秘密

科学"现象教学"学习单

___五___年级___上___册__第一__单元__第3课__课题__《变色花的秘密（一）》

现象引入	花茎泡在染色溶液中，花瓣发生了变色，为什么花瓣会被染色？
任务清单	任务一：观察植茎内部结构，它们有哪些共同特点？（利用不同的方法解剖多种植物的茎，观察并找出其共同特点） 任务二：植物的茎上共有的小点是什么？它有哪些作用？（观察茎的结构示意图，尝试推测导管的作用） 任务三：如何设计实验，探究茎能运输水分？（利用教师提供的材料，设计实验方案，探究植物的茎运输水分的作用）
备注	预期目标：观察茎的结构，分析其作用，并能设计实验进行探究。 课堂无边界：根据实验设计，利用课余时间进行让白色花染色实验，观察并记录白色花的变化

课后小记：《变色花的秘密》源自五年级上册第一单元的《茎的作用》。为提高学生的学习兴趣，贴合学生的生活，教师对本节课中的探究任务进行整合和提炼，以"花茎为什么浸泡在不同颜色溶液中花会变色"这一生活现象作为引入，让学生产生浓厚的学习兴趣。学生为解开变色花之谜，更加主动地去研究茎的结构。但在本节课教学过程中，也存在一些问题：①学生在任务一的探究过程中，部分植物的茎由于横切面颜色比较深，不易观察，会影响学生的观察结果，教师应选择一些容易观察的茎。②学生在猜测植物的茎的作用时，容易出现不敢猜或者瞎猜的情况，老师应提供一些图片辅助学生思考。③学生

在设计探究实验过程中，容易忽略控制变量的问题，这需要老师在学生动手设计实验前进行提示。

案例3：

蚂蚁长啥样

教学环节一：现象引入

师：这是蚂蚁，（出示蚂蚁图片）它可以抬起比自己重50倍的物体，那蚂蚁的身体结构是怎样的呢？我们今天就一起来研究一下蚂蚁长啥样？（板书课题）

（设计意图：好奇是孩子的天性，由"蚂蚁可以抬起比自己重50倍的物体"这一现象引入，有效地激发了学生探究蚂蚁的欲望。）

师：观察需要讲究方法，我们之前学习的观察方法有哪些？

生：用感官观察，有序地观察，用工具观察。

师：观察蚂蚁，用感官可以怎么观察呢？

生：用眼睛看。

师：对的，能用手摸吗？

生：不可以的，会被咬的。

师：是的，用不同的感官观察不同的物体。那如何有序地观察蚂蚁呢？

生：从头到尾，从左到右。

师：你们真是太聪明了。观察蚂蚁除了可以从头至尾观察，还可以先整体观察，再局部观察。那观察蚂蚁用什么工具观察呢？

生：用放大镜观察！

师：对的，老师这次抓的是大蚂蚁，虽然你眼睛看到了蚂蚁大概的身体结构，但是想知道蚂蚁的头有什么结构，就可以借助放大镜这个工具了。

（设计意图：这一环节，围绕如何观察蚂蚁，联系旧知，引导学生回顾之前学习过的观察方法、顺序，有利于学生运用感官和选择恰当的工具、仪器观察和描述蚂蚁的身体结构特征。）

教学环节二：探究蚂蚁的身体特征

1. 画蚂蚁

师：首先，观察前，请大家先将印象中的蚂蚁身体结构画下来，画完后小组之间相互看看、讨论，你们认为蚂蚁都是一样的吗？

生画蚂蚁、讨论。

师：你认为的蚂蚁身体结构是怎么样的？你们组其他人跟你画的一样吗？

生：我认为蚂蚁有8条腿，但是我的同桌认为蚂蚁只有6条腿。

生：我认为蚂蚁分为4节，他认为蚂蚁分3节。

……

（设计意图：蚂蚁是学生们喜闻乐见的动物，但是他们对蚂蚁究竟长啥样、身体结构有什么特征了解有多少，我们不知道。这一环节可以帮助教师了解学生的前概念，为帮助学生建立蚂蚁的身体结构特征的科学概念做好铺垫。）

2. 观察蚂蚁

师：那谁画的蚂蚁才是正确的呢？我们一起来观察吧。

生观察蚂蚁。（教师转换角色，走到各组与学生们一起观察，一起发现）

（设计意图：引导学生运用感官和选择恰当的工具、仪器观察和描述蚂蚁的身体结构特征，初步学习收集证据。）

3. 再画蚂蚁

师：将你观察到的蚂蚁画下来，画完后对比原来凭印象画的蚂蚁，可以小组之间相互交流。（分发材料，教师转换角色，走到各组，引导学生们把观察到的蚂蚁特征画下来）

（设计意图：引导学生学会运用文字、图示、符号等方式记录、整理关于蚂蚁的信息。通过收集、整理信息，引发学生对蚂蚁的认识冲突。）

4. 分享交流

师：时间到，哪位同学想要分享一下你观察到的蚂蚁呢？上来展示一下你的蚂蚁画像。

生：我原来以为蚂蚁有四节，通过观察，我发现，原来蚂蚁身体有三节；我原来以为蚂蚁有8条腿，但是用放大镜看了，我数了数，只有6条腿。

生：我来补充，我还观察到蚂蚁的头上有眼睛、嘴巴和两只触角。

生：我同意前面同学的观点，我还发现蚂蚁的腿都是长在中间这节。

生：是的，我发现蚂蚁最后一节尾巴尖尖的。

……

（设计意图：引导学生学会正确讲述自己的探究过程与结论，学会倾听别人的意见，学会分析、评价并敢于质疑。）

教学环节三：发现规律——蚂蚁身体的特征

师：同学们都观察得十分仔细，谁能说一说蚂蚁身体有哪些特征？

生：蚂蚁身体为3部分，分别是头、胸、腹，头部有两只触角、一对眼睛。

生：胸部有6条腿，两边各3条；腹部末端尖尖的。

师：蚂蚁也有嘴巴——口器；这些你都观察到了吗？请把你的蚂蚁画像补充完整。

师：我们知道了蚂蚁的结构，那蚂蚁是怎么搬运食物的？它喜欢吃什么食物呢？请同学们回家后观察观察，记得不能用手来抓蚂蚁哦，我们下节课再一起学习。

（设计意图：引导学生依据证据，从新知与前概念的冲突当中，运用分析、比较、概括等方法，得出结论。同时，引导学生提出新的问题，让科学探究突破时间、空间的壁垒，从课内学习延伸到课外观察。）

解析：

上述三个案例都是现象引入—探究—发现规律的课型。

案例1以"河两岸要通行，人们通常会建简单的桥"的生活现象引入（教师用桥墩和一张A4纸做了一个小桥模型来模拟研究），让学生以A4纸来制作桥面模型来探究增加桥面承重力的方法，最后发现规律：梁桥的秘密是梁，梁既可支撑桥面，又能增加桥面承重力。

案例2以"为什么花的茎浸泡在不同染色溶液中会变色"的实验现象引入，引导学生通过观察、实验来探究茎的作用，最终发现规律：茎有运输的作用。

案例3以"蚂蚁可以抬起比自己重50倍的东西"这一生活现象引入，引导学生开展探究活动（画蚂蚁、观察蚂蚁、再画蚂蚁），然后发现规律：蚂蚁身体分为头、胸、腹3部分，头部有一对触角，胸部有三对足。

现象引入—探究—发现规律是"现象教学"的一种基本课型，包括三部分内容：现象引入，从贴近学生生活的科学现象出发，提出驱动性的问题（任务），激发学生探究的欲望；探究活动，要求学生先独立思考，后协同学习，要求教师走下来，以参与者、协助者的身份与学生一起探究；发现规律，组织开展展示分享活动，并通过追问让学生深层思考与思辨，提炼出科学方法或建构科学概念。在具体的教学活动过程中，要注意以下几个问题：

（1）现象引入要联系实际。现象引入的要点是将教材进行深入研究，结合本地区、本学校以及学生的实际，重新改造为更贴近学生生活、学生实际的生活现象、实验现象进行引入，并重新研究课题。

（2）认真研制学习单。学习单要具有导向性、开放性，研制前要认真研究教材，让学习单成为学生学习的支架，教师教学的导航仪。

（3）关注科学思维的发展。研究"现象教学"的第三个视角是思维的深刻性，其要义是引导学生掌握探究的方法、建构科学的概念，即在探究过程中要关注学生的科学思维发展，其窍门是营造民主、轻松的氛围，鼓励学生积极展示分享，其他同学大胆批判、质疑，要求教师发挥主导作用，通过追问触发学生深层思考与思辨。

2. 现象引入—探究—创造作品
案例1：

制作小竹筏

教学环节一：现象引入

师：老师找来了寻宝指南针、地图，谁想和我一起去寻宝？

生：我想。

师：我们这次去的地方是个小岛，需要小竹筏这种工具。谁会做一个小竹筏？

生：用竹子和绳子绑一下。

师：要制作小竹筏，首先得知道它长什么样，谁上来画一画？

生：这代表横的竹子、这代表竖的竹子、这线代表绳子。

教学环节二：探究如何制作竹筏

师：我们先来做个小竹筏模型。你们能够利用筷子做小竹筏吗？还需要什么材料？

生：橡皮筋。

师：有了筷子、橡皮筋，我们应该怎么做？像这样一捆筷子做的小竹筏怎么样？

生：装不了东西。

师：所以小竹筏必须要平整。（板书）还需要达到什么要求？

生：牢固，不松动。

师：利用橡皮筋如何将筷子绑紧呢？我请三个同学上来试一试。

生：像这样绕圈。（生尝试）

师：一个人肯定完成不了，我给你几个帮手。一个人平稳地拿好筷子，一个人握紧短筷子，你负责绕橡皮筋。

生：分工合作。完成了。

师：大家请看，我测试一下。轻轻地抽出1根筷子。这样的小竹筏太松了。老师教一下大家绑橡皮筋的方法：一套，二拉，三转圈。（演示）请小组长上来领取材料，组员互相配合，10分钟后我们就要去寻宝了。

教学环节三：制作平整又牢固的小竹筏

师：时间到，请同学们将小竹筏放到讲台。我们应该挑什么样的小竹筏去冒险？

生：选那些牢固、平整的小竹筏。

师：如何测试？

生：可以摔一摔看看会不会有筷子掉出来。

师：可以摔，也可以用手轻轻上下摇动。我们先看看这艘小竹筏，符合平整要求。再摔几下，没有筷子脱落。再用手摇一摇，你们看到了什么？

生：筷子掉了。

师：为什么会这样呢？

生：橡皮筋没有绑好。

师：请看我们的橡皮筋应该怎样绑？

生：要贴到筷子最里端，橡皮筋应该尽量多转圈。

师：不贴到最里端的话，由于碰撞就容易导致筷子松动。根据刚才的测试方法，我们找到了这几艘既平整又牢固的小竹筏。现在我们要下水测试了。将模型小人放上去，看看承重情况。

生：进水了，沉了。

师：我们做的筷子小竹筏承重能力比较弱。如果是现实的小竹筏，竹子和筷子有什么区别？

生：竹子里面有空气，比筷子好。

师：现实生活中的小竹筏，也可以参照这个标准来制作。

114

案例2:

让种子飞起来

教学环节一：现象引入（略）

教学环节二：探究种子传播的方法

演示：种子成熟，自由下落。

师：假如我手上拿的是一颗植物的种子，成熟了，它能传到很远的地方吗？（显然不能），那你能不能想个办法帮助它传播到远方呢？或者我们能否给它增加一个结构，让它借助某一种力量传播到远方？（学生讨论，教师巡视指导）·

师：时间到。哪个小组的同学来说一说，你们打算给这个种子增加一个什么样的结构，让它借助什么方式传播到什么地方？

生：我们组经过讨论，想在植物的种子上增加钩子，这个钩子可以钩住动物的皮毛，然后借助动物把种子传播到远方。

生：我们小组想给种子增加一个降落伞，让它可以借助风的力量飞到很远的地方。

生：我们小组在它外面罩一个气泡，让它借助水流的力量流到远方去。

师：很有创意，把掌声送给这个小组！

教学环节三：设计与制作种子模型

师：同学们的想法都很有创意，我们能不能利用身边的材料，把刚才的设想制作出来呢？老师给大家准备了以下材料：有棉絮、气球、棉线、桌布、塑料膜、魔术贴、橡皮泥、双面胶，看大家是否能够用得上？请大家把设计图用图文结合的方式填写在科学实践报告单上，活动时间为5分钟，设计完毕请拍照上传。

（学生设计，教师巡视指导。）

师：有请第二小组的同学来跟大家分享一下你们的设计。

生：经过小组讨论，我们认为可以用钩子钩住动物皮毛让动物带它们去远方。我们用了三种材料，第一种是种子的模型，第二种是双面胶，第三种是魔术贴，我们先把种子模型放在弯曲的魔术贴中间，再用双面胶把种子模型和魔术贴粘在一起，当这个种子模型跟魔术贴的钩子钩在了动物身上时，动物就可以带着种子去远方了。我的解说完毕，请大家给我们提出建议和意见，谢谢！

生：我觉得你可以在旁边的空白位置上画一个更大的模型，让大家更好地知道你是如何设计的。

生：谢谢你的建议，我们会继续去修改我们的设计图。

生：这个模型只有一面有钩子，那万一动物从另一面走过怎么办呢？那就钩不住了呀。

生：谢谢你的提议，我们会再次讨论修改的。

师：掌声送给第二小组。下面有请第三小组的同学进行分享，掌声欢迎。

生：通过讨论，我们想利用水力来帮助种子传播到远方。我们准备的材料是气球、种子模型，还有水。先把气球吹大，然后把种子塞进去，最后利用水帮忙传播，这就是我们小组设计的模型，请大家给我们提意见，谢谢。

生：我觉得你们可以把步骤写得更加清晰一点，而且那个种子是怎么粘在气体上的呢？

生：谢谢，请坐。这个问题我们下去后需要再次讨论。

生：种子在气体里面，它吸收不了水，不能长大怎么办？

生：气球过了不多久会自己爆炸的。

师：谢谢同学们尖锐的问题和敏锐的回答，掌声鼓励！（全场掌声）谢谢第三小组。现在有请第五小组的同学进行分享交流。

生：大家好，我们小组经过商量，决定利用动物帮助种子传播。我们先用魔术贴和种子还有双面胶，把种子粘在魔术贴上，因为魔术贴可以粘住头发，所以它也能粘住动物的毛发，这样就可以让动物把种子带去远方。动物在奔跑的过程中，魔术贴会随着它的跳动和奔跑掉下来，种子就能传播了。谢谢大家，请大家提出建议和意见。

生：你刚刚说你们把种子用双面胶粘在魔术贴上，那为什么你们的设计图上没有画出双面胶呢？

生：这确实是我们组没有画好，我们会继续完善的，谢谢。

生：你们的种子是贴在魔术贴上，那你们要把它放到哪里呢？它会不会直接被东西盖住，比如说那种大型的动物的粪便。

生：这个问题确实有可能发生，我们组会继续去研究的，谢谢。

师：好，谢谢第五小组的同学。现在你们是不是很想把设计图继续完善，并把它做出来呢？

生：想！

师：活动要求，制作模型活动以小组为单位合作完成，做完之后把实验材料收好放回箱子里，然后把做好的模型摆放在桌上。我们拭目以待，看看你设计的种子传播模型能否成功。下面请各个小组的实验员来领取材料，开始制作。

（学生制作，教师巡视指导。）

师：还剩30秒，请所有的小组把实验器材整理好，把做好的模型放在桌面上，下面我们来进行展示交流。请这个小组的同学来展示汇报，掌声欢迎。

教学环节四：展示与交流

生：我们是利用风的原理让种子传播到远方的，我们用棉絮把种子包起来，用风扇帮忙让它传播，谢谢大家，请大家给出建议。（小组成员在讲解的同时展示模型传播过程）

生：我觉得你们可以把种子粘在棉线上，这样种子就不容易掉下来。

生：如果风把那个模型吹到某个地方吹不动了，它还可以继续传播吗？

生：可以。

生：那如果棉絮散开了怎么办呢？

生：那就只能传播到那个地方了。

师：把热烈的掌声送给这个智慧的同学，刚才他做的模型，假如风不停，那种子是不是可以传到很远的地方呢？

生：是的。

师：说明他们小组设计的模型是有效的，热烈的掌声送给这个小组！

生：大家好，我们设计的模型是借助风的力量来传播种子。我们是先把种子模型粘在气球上，把气球吹大之后封紧封口，在有风的情况下，它就随着风一起传播到远方了。（展示模型传播过程：用扇子不停地扇气球，气球飘了起来）

生：如果风不吹了，鸟把气球啄破了，那么它就传播到那里了。我们小组汇报完毕，请大家给出建议，谢谢！

师：我还发现了一个问题，它落地之后，还在继续滚动。（不好意思，老师打断了，继续）

生：如果你们的种子飞着飞着，突然掉下来怎么办？

生：掉下来的话就传播到那里了呀。（全场掌声）

生：如果风不再吹了，鸟啄破了那个气球，种子被双面胶粘住了，那它还可以生长吗？

生：双面胶随着时间变长，会慢慢变得没有黏性，最后种子还是会生长的。

师：掌声鼓励，谢谢这个小组。现在请第五小组的同学上来展示一下。

生：大家好，我们组的种子是靠动物来传播的，我们先把种子包裹在棉絮里面，因为我们担心用双面胶直接粘的话，会损坏到种子，或者种子就会直接掉下来，使用棉絮的话就会很好的保护种子，棉絮外面粘一层双面胶，然后双面胶外面贴的是魔术贴，魔术贴可以粘住动物的皮毛，动物奔跑一段时间后，模型会脱落，然后风一吹，棉絮就会散开，种子就掉出来，落到地上，然后就传播到远方了。谢谢大家，请大家提出意见和建议。（展示传播过程：用玩具羊来模仿）

生：你们的模型外面是有魔术贴的，如果棉絮散开了，魔术贴没有散开怎么办呢？

生：因为我们设计的棉絮一端是没有封口的，所以棉絮散开了，种子就会掉出来，这样种子就能传播生长。

生：如果经过它的是没有毛的动物，那它怎么传播呢？

生：那就等下一个动物呗！（全场掌声）

师：热烈的掌声响起来，谢谢第五小组的分享，现在有请第八小组上来给大家展示你们制作的模型，大家掌声欢迎。

生：我们小组想借助水力来帮助传播。我们把种子用一层棉絮包裹住，棉絮中还有一个很小很小的洞，棉絮外包裹着一层塑料膜，最外一层用透明胶包住，我们把它放到水里，它就会随着水漂动，这样它就可以漂到其他地方，那么种子就可以传播到其他地方了。我的发言完毕，请大家给出意见，谢谢。

（展示传播过程：将模型放入水槽中用扇子不停地扇动）

生：需要补充一点，它漂到一个地方之后，透明胶经过水打湿，就没有黏性了，它就会打开，种子就会掉在某个地方。

生：如果它一直漂在水上面，然后棉絮打开了，种子掉到水里怎么办？

生：水也可以让种子生长呀，就像我们之前做过的绿豆实验一样，水是可以让它生长的，并且水下面也有泥土呀。

生：如果飘的过程中，棉絮湿了，种子就会在水里泡久了，它会不会腐烂呢？

生：我们暂时还没有考虑过这个问题，我们会继续讨论更改的。

师：大家做的模型都可以帮助种子传播出去，所以我们要把热烈的掌声送给自己。那么大自然也会用相类似的方式来帮助种子进行传播，下面请大家看。（出示课件：不同植物的种子）

师：这是一些常见的植物，它们的种子传播方式是各种各样的，大家能不能找一找，看看你们设计的模型和这里的哪种植物是比较相似的呢？小组讨论。

师：哪个小组的同学来说一说，请第一小组。

生：通过我们组的讨论，我们做的这个模型最像蒲公英，它是用透明胶粘住的，就像没有散开的蒲公英，当飘到其他地方时，透明胶没有黏性了，种子就会脱落下来，就像蒲公英一样散播在各种地方。这就是我们组的讨论结果，谢谢大家。

师：蒲公英的结构上有个特点，它上面有毛，而且很小很轻，方便借助风传播到远方，大家在说的时候可以说你们小组做的模型跟某种植物相似，相似的原理在哪里。

生：我们小组的模型是用魔术贴包裹的，它很像苍耳，魔术贴外面可以粘住动物的毛，就像苍耳的刺一样，我的讲话完毕，谢谢大家。

师：还有很多同学高高举着手，由于时间关系，我们设法让每一位同学发表看法了。现在，我们一起来回顾一下今天的内容，我们这节课通过设计模型、制作模型、展示模型，发现大家做的模型都可以在自然界中找到它的原型，并且还发现种子传播的方式是各种各样的，不同传播方式的果实或种子具有适应不同环境的形态或结构。

案例3：

制作小橘灯

教学环节一：现象引入

师：缩口布袋子里有老师最喜欢吃的橘子（布袋子里放着一个苹果、橘子、小番茄），请同学们在戴上眼罩的情况下帮老师"找橘子"。

师：找到了吗？你怎么知道它是橘子呢？（抓住孩子的手，先不让他拿出来）

生：找到了，因为橘子摸上去有点软，不光滑。

师：你把橘子的外部特征说得很详细，用你身体的哪个部位感知的呢？

生：用手摸呀。

（板书：手——摸）

师：对的，用手摸出它表面粗糙，不光滑，还有点软。还有没有不同的方法？

生：用鼻子闻。

师：闻它的什么呢？

（板书：鼻子——闻）

生：味道，橘子香香的味道。

师：是味道吗？这个橘子真好吃，甜甜的味道。请问味道是哪个部位帮我们找到的？鼻子？

生：哦！不是，不是，是嘴巴！

（板书：舌头——尝）

师：对的，更确切地说是嘴巴里面的舌头帮我们尝到的。那我们闻到的是什么呢？

生：气味。

师：什么的气味？

生：橘子皮的气味。

师：表达准确，真棒！现在就请你把橘子拿出来给大家看一看，究竟是不是？

（学生从布袋子里拿出橘子来，学生一阵欢呼雀跃"哇，真的是橘子！"）

（教师从口袋里拿出一个绿色的小橘子。）

师：孩子们，看！这是什么？

生：也是橘子。

师：它和口袋里拿出来的橘子有什么不同？用哪个感官来判断的？

生：颜色不同，一个橙色，一个绿色。用眼睛看。

（板书：眼睛——看）

师：你有一双会发现的眼睛，真美，会用眼睛区分它们的颜色。

教学环节二：探究橘子的特点

教师把橙色橘子放进果盘里，（果盘里装着8个形状、大小、颜色非常相近的橘子，其中一个是橘子模型）两只手一手拿一个真橘子，另一只手拿着橘子模型。

师：孩子们，谁能认出哪个是真的橘子，理由是什么？

组织学生讨论交流，要知道学生说出用什么感觉器官来判别，如用眼睛看，用鼻子闻等。在讨论过程中，应逐渐让学生意识到，人体的多个器官相互配合，才能形成对一个物体的全面感知和认识。

1. "猜猜我是谁？"

每个小组分发一个盒子和一个眼罩，盒子上方开一个可以放进一只手的圆孔，1、3、5、7小组的盒子里放着苹果、石头、橡皮、木质尺子；2、4、6、8小组的盒子里放着金属钥匙、玫瑰花瓣、橙子、铅笔。按座位顺序依次戴上眼罩后，从盒子里拿出一个物品进行口头描述，说出正确答案后再小组讨论还可以用到哪些感觉器官，小组长记录（用笔勾出用到的感觉器官）。

2. 交流汇报，进一步巩固各种感官的主要功能

师：小耳朵，认真听，我们来倾听第三小组的汇报。

生：我用耳朵听出盒子里有小石头的响声，然后用手摸出来了。

师：小石头摸上去有什么感觉？

生：硬硬的。

师：你用了两种方法真不错，同组同学有补充吗？

生：我补充，我从盒子里摸到了苹果也是硬的，拿出来闻了一下，好香！

师：我们在不清楚某些物质的情况下，能不能轻易去闻和尝呢？为什么？

生：不能，有的东西有毒。

……

小组汇报完毕。

3. 感官儿歌

小眼睛——看（颜色、形状、大小）

小耳朵——听（声音）

小鼻子——闻（气味）

小舌头——尝（味道）

小小手——摸（软硬、冷热、光滑或粗糙）

教学环节三：制作小橘灯

老师请大家看一盏小橘灯。（取出一只用橘皮做的小橘灯，点燃）你们如果喜欢，回去都可以学着做一只。根据老师出示的小橘灯，先在记录本上画出你设计的小橘灯，然后回家和爸爸妈妈合作制作一个小橘灯（亲子沟通与互动），上传图片到班级群或带来学校班级展示。

解析：

上述三个案例都是现象引入—探究—创造作品的课型。

表3-2-2　现象引入—探究—创造作品的课型

案例	现象引入	探究活动	创造作品
案例1	到小岛寻宝需要制作竹筏	如何制作竹筏（需要的材料、制作方法）	制作平整又牢固的小竹筏
案例2	种子是如何飞到沙漠、峭壁、屋顶上的？	探究种子传播的方法	设计与制作种子模型
案例3	找橘子	探究橘子的特点	制作小橘灯

如表3-2-2所示，在现象引入—探究—创造作品课型的教学中，教师作为引导者主要为学生提供一个民主和谐的氛围、自主开放的空间，充分发挥学生的主体性作用，让学生通过丰富的探究活动和亲身体验增加对科学概念的理解和掌握。此类教学活动有以下3点建议：

（1）现象引入要激发学生想象力。爱因斯坦曾说过："想象力比知识更重要，因为知识是有限的，而想象力概括着世界上的一切，推动着进步，并且是知识进化的源泉。"因此，在现象引入—探究—创造作品课型的教学中，现象引入要具有驱动性，能激发学生的想象力，对于提高教学效果和达成教学目标具有积极的作用。

（2）探究活动要准备结构性材料。想让学生创造作品，如果探究材料没有结构性，就没办法触发学生创造的激情和灵感，无法让学生碰撞出智慧的火花。同时，学生很难完成作品的设计与制作。

（3）创造作品要放手让学生去创造。学生是课堂的主体，教师要引导他们主动参与，动手动脑，积极体验和经历制作的过程，要引导学生根据自己的想法去设计方案并制作作品，培养学生的创新能力。在制作过程中，如果学生遇到困难，教师要给予适当且及时的指导，但是切不可包办代替。

3. 现象引入—探究—发现规律—创造作品

案例1:

自动浇水器

教学环节一:现象引入

师:看!这是我们春意盎然的阳台景观,可是在我们放暑假的时候,没有人给这些植物浇水,它们慢慢开始枯萎了。同学们,你有什么办法解决假期给植物浇水的问题呢?

生:制作一个自动浇水器给植物补充水分。

(设计意图:通过暑期无人浇水,植物枯萎的生活现象引入,真实情景,调动学生思考,有效吸引学生想办法解决问题。)

教学环节二:探究绳子的吸水性

1. 猜想

师:老师带来了四种材料的绳子:棉绳、尼龙绳、塑料绳、塑料管,用哪个绳子来做自动浇水器的水桥呢?大家先猜测,哪根吸水性好?

生:棉绳。

生:尼龙绳。

……

2. 设计实验

师:你能不能设计一个实验来验证哪根绳子吸水性更好?小组讨论。

生1:用一个杯子装满水,将四根绳子的一头同时放进去,将另一头放到四个空杯子里,等待10分钟,看看哪个空杯子的水多,哪根绳子吸水性就最好。

生2:我同意前一组的设计,但是我们认为时间太紧,绳子不会吸这么多水,那我们就分辨不出究竟哪根绳子吸水性好,我们组有更好的想法,用四个小瓶子,装满水,分别同时放进绳子,5分钟后,看看哪个瓶子的水变少了,哪个绳子的吸水性就更好。

……

3. 实验验证

师:同学们想法都很好,设计的实验也很科学。下面按照各组设计的方案,我们开始实验吧。(学生分组实验,教师巡视指导)

(设计意图:三年级学生接触科学时间不长,培养低段孩子设计简单的实验能力很重要，如何让自己的猜想得到科学的验证，先设计再实验，有助于提高学生的科学素养，发展实验思维。）

教学环节三：发现规律——棉绳吸水性最好

师：哪个组想上来分享你们的实验结果？

生：我们小组采用四个小瓶子的方法来验证，发现棉绳的吸水性最强，其次是尼龙绳，再到塑料绳，最后是塑料管，我们认为用棉绳来做自动浇水器的水桥是比较合适的。

生：我们同意他们的结论，但是我们采用的实验方案不同，我们用的是一个杯子的方法，虽然吸水比较慢，但是我们发现棉绳湿的速度更快，吸水更多。

……

（设计意图：引导学生学会用科学的语言讲述自己的探究过程与结论，学会倾听别人的意见，学会分析、评价并敢于质疑。）

教学环节四：制作自动浇水器

1. 设计

师：你能利用棉绳吸水性最好的性质，来设计一个自动浇水器，解决我们暑期的植物无人浇水的问题吗？小组讨论，画出设计图。（教师巡视指导，渗透控制浇水量、浇水时长等问题）

2. 分享

师：时间到，哪个小组来汇报你们的实际方案？

生：大家好！我们是这样设计的：用一个大可乐瓶装满水，找一条长棉绳放进去，要伸到底部，棉绳的另一头要绕花盆一圈，确保所有的地方都得到水的灌溉。

生：我来给你们提建议，我们夏天雨水多，可以设计一个接雨水器，假设没有水了，还能利用自然的力量。

……

师：请大家根据建议，继续完善你们的设计，并回家制作吧！这节课我们利用棉绳的吸水性制作了"水桥"式自动浇水器，解决了假期给盆景浇水的难题。但是，我们的自动浇水器能给植物浇水多少天呢？还需要大家继续观察和调整。石老师在探究卡里准备了一个表格给大家记录观察数据，大家可以每天观察记录2次，看看我们制作的自动浇水器到底能浇水多长时间。

（设计意图：学生已经通过实验知道棉绳的吸水性最强，利用这一规律，设计自动浇水器，培养学生迁移与运用知识的能力。在设计制作的过程中还需要学生考虑很多问题，如棉绳要用多粗的、假期多少天、要用多大的容器来装水等等，学生要结合科学、数学、美术、工程等知识来解决。在完成制作后，仍需观察和调整，教师给学生设计观察表格，引导学生持续对自动浇水器进行改进，提高孩子们动手、观察记录、对作品不断改进等的综合能力。）

案例2：

让一杯浊水变清

教学环节一：现象引入

师：连日暴雨造成水龙头流出的自来水很浑浊，你们能想想办法帮助他们让这些浊水变清吗？

师：我们先来观察桌面上的这杯浊水，说说你的发现。

生1：我发现里面有些泥，还有一些落叶，估计里面有些小石子之类的东西。

生2：我发现这杯水里有沉淀物和沙子似的东西。

师：还有吗？

生：这个里面基本都是细沙，粗沙都基本沉淀了。

教学环节二：探究过滤的净化效果

师：那么你们有什么办法让这杯浊水变清呢？（板书：让一杯浊水变清）

生：我觉得可以把这杯浊水过滤，把里面的一些沙子和沉淀物过滤掉，这样浊水就有可能变成一杯清水。

师：在日常生活中，我们可以利用身边哪些材料进行过滤？

生1：活性炭，因为它有过滤的效果。

生2：滤纸也可以。

生3：小石子也可以过滤。

师：那么在这么多材料中，你认为哪一种材料过滤效果最好？两分钟小组讨论。（小组讨论）

师：同学们讨论得很热烈，那么每组按你们的讨论结果，选择一种材料进行过滤实验。为了实验的方便，我也提供一个瓶盖上带有小孔的塑料瓶，我们把它叫滤瓶，你知道这滤瓶怎么用吗？

生：把材料装进去。

师：你能具体说说怎么用吗？

生：把材料倒进瓶中，然后把浊水倒进去，水从瓶口流出来。

师：大家真聪明，有的小组选取的滤材是零散的，我们就可以把它装到滤瓶中，挂在铁架台上，慢慢观察水质的变化。思考：为什么会出现这样的过滤效果？

（学生领取材料，进行实验。）

师：将1号过滤水样放在桌子上，请组长把其他器材都收起来。

（学生整理材料。）

教学环节三：发现影响过滤效果的因素

师：谁来说说你们小组的过滤效果，你在做实验的过程中有什么发现？

生1：经过过滤，我们发现浊水变清了一点。

生2：我们小组不同意，我们小组过滤后的浊水还是比较浑浊。

生3：我来补充，我认为这么黄是因为滤材不好。

师：是的，不同的滤材过滤效果的确有区别。哪种滤材效果好些，为什么？

生1：我认为木炭效果好些，因为我们小组的水样比隔壁组用石子和沙子的清一些。

生2：棉花效果也比较好。

师：为什么这些滤材效果好？

生：因为它们的吸附能力强。

师：为什么吸附能力强？

生：碳上有一些很小的孔，可以把脏东西拦住。

师：观察得真仔细！材料过滤效果与材料间的缝隙或小孔有关。

教学环节四：制作净化器

师：刚才的实验能不能满足让浊水变清的目标？那同学们有没有继续改进的想法？

生1：可以多放几种材料，把它们一层一层叠起来。

生2：可以把滤瓶瓶盖上的小孔弄小些，水流出来也慢一些。

生3：多过滤几次。

师：大家的办法很不错，那我们看看野外求生专家贝尔是用什么方法的。

（学生观看《荒野求生》视频。）

师：看完刚才的视频，同学们能不能从中得到启发，改进你们的过滤方法？

生：要按顺序放材料。

师：按什么顺序，为什么这样放？

生：先放缝隙小的，如木炭、棉花，再放沙子和鹅卵石。

师：贝尔是考虑了多次过滤、多层过滤和滤材摆放顺序，过滤出来的效果才这么好。今天老师为大家准备了以下材料：滤瓶、碳、小石子、细沙、脱脂棉、无纺布、纱布等。请同学们结合刚才的讨论成果，运用以上材料，进行简易净水器设计，并填写设计方案，以画画和文字的形式清晰表达你的设计想法，明确滤材如何分层的问题，每次过滤的效果都需要进行记录。

（学生领取和观察材料，填写设计图，并进行实验。）

师：经过实验，各个小组都得出了2号水样，谁来分享你们的实验成果？先介绍你的设计图，再说说你的过滤效果。

生1：大家好，这是我们的设计图，第一层是无纺布，因为我们觉得这样先把大块的垃圾阻挡住，接着是石子，最后是棉花，因为棉花比较细一点，我们过滤了三次，大家看一下这是我们过滤出来的2号水样，比1号水样清。请大家提出宝贵意见。

生2：我想请问一下，为什么你们的滤材这样排列？

生1：因为我们参考了贝尔的做法，把缝隙小的滤材放后面，效果比较好。

生3：我建议在每种滤材中间加一层纱布，那样它们就不会混在一起了。

生1：好的，谢谢你的意见！

师：还有其他小组来汇报一下吗？

生：我来补充，我们小组的设计图跟上一个小组差不多，可是我们过滤了五次，而且每种滤材间我们放了两层纱布，（举起2号水样）所以过滤效果好些。

师：同学们太棒了，通过两次实验，我们逐渐把浊水变清（拿起没过滤的水样），那么山区人们也可以用上比较清澈的水了。

案例3:

制作生态瓶

科学"现象教学"学习单

___六___年级 ___下___册 ___第一___单元 ___第7课___课题 ___《制作生态瓶》___

现象引入	我孩子很喜欢养鱼,但每次养几天鱼就死了,你能不能帮老师分析一下原因,并设计制作一个适合小鱼生活的生态瓶?
任务清单	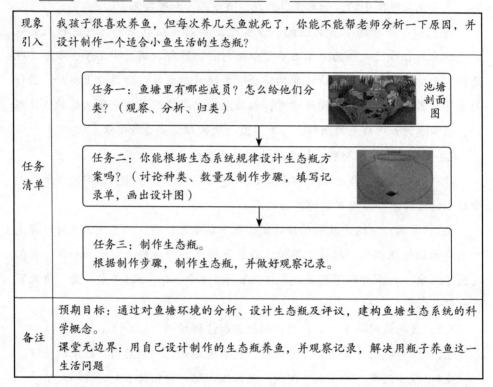
备注	预期目标:通过对鱼塘环境的分析、设计生态瓶及评议,建构鱼塘生态系统的科学概念。 课堂无边界:用自己设计制作的生态瓶养鱼,并观察记录,解决用瓶子养鱼这一生活问题

课后小记:在任务二中的展示分享设计图的环节,可以让多一两个小组去展示,让学生在展示中充分地互动交流,提出不足,给出改进意见。这样有利于各小组互相借鉴和总结反思。

解析:

上述三个案例都是"现象引入—探究—发现规律—创造作品"的课型。

案例1是由假期教室阳台上的绿色植物会因没人浇水而枯萎的生活现象引入,学生通过探究活动发现各种材料的吸水性不同这一科学规律,设计个性化的自动浇水器。

案例2是由连日暴雨造成水龙头流出的自来水很浑浊这一生活现象引入,引导学生通过探究活动发现过滤可以让浊水变清的方法,并利用这一规律设计并制作简易净水器。

案例3是由小鱼缸养鱼难养活这一生活现象引入，引导学生通过探究活动发现生态系统的科学规律并据此设计并制作生态瓶。

科学课程改革的核心就是大力提倡探究式教学，现象引入—探究—发现规律—创造作品课型的教学核心也是探究，如何引导学生通过探究去发现规律、创造作品，从而提升学生的科学探究能力，建议如下：

（1）引导学生学会设计实验。实验探究通过科学、规范的操作，帮助学生获得生动的感性认识。教学生如何操作实验进行探究，不如教学生如何自行设计实验进行探究。引导学生设计实验，要让学生明确探究目的，思考实验方法、实验材料、实验步骤。

（2）允许学生探究创造失败。在教学过程中，经常会有一些同学、小组在探究过程中实验失败或者创造作品失败，这是非常好的触发点，教师要及时引导学生去思考造成失败的因素，把这些因素排除，就可以走向成功。所以，要给学生试错的机会，允许学生失败。

（3）引导学生学会对比选择。每一位学生的感性认知与实际经验不同，因此，在探究过程中材料的选择、实验的方法、操作的步骤、设计的方案都会有所差异。教师要有意识地引导学生学会对比并参考借鉴。

二、听课革命，促进学的变革

（一）课堂观察

如何判断学习是否真正发生？科学教师对科学课堂进行了观察，即听课革命：从看教师转变为看学生，看学生怎样学、学得怎么样；从看场面转变为看焦点，看焦点学生、焦点问题。课堂观察时，只观察某一个学生，记录与他相关的表现及行为。通过学生的表现及行为来判断学、反观教、建议教，以学定教，以学促教，通过不断地改进教师的教，最终促进学生的学。

1. 课堂观察，判断学

每一节科学课都会安排多名教师做课堂观察员，他们会选择不同的观察对象，对焦点学生整节课的行为、表现进行观察与记录，对学生的表现及行为从课堂四特征来进行解剖与分析，从而判断学生的学习是否真正发生。

案例1:

揭秘四季的变化

《揭秘四季的变化》这节课,有多位老师做了课堂观察记录,下面摘录其中的两份。

深度课堂观察记录(摘录1)

日期:2019.6.6	学科:科学	听课教师:石建军	课题:揭秘四季的变化	
五年级(1)班	执教:梁炯钊	观察对象(某生及其小组):梁启程		
记录教师的教:		记录学生的学:		
一、现象引入 温度、四季		程倾听发言后举手 发表不同意见 ,并与同伴 讨论 ,认为气温引起四季的变化。		◀ 思考质疑
二、探究 1. 观察推理 影长与直射、斜射关系		程 观察、分析 图表后与同伴 讨论 ,认为一天温度越高,影子越短;温度越低,影子越长。还认为地球公转引起太阳的直射与斜射,而太阳直射与影子长短有关。		◀ 推理 迁移运用
3. 模拟实验		程 倾听 、观看微课后与同伴合作做模拟 实验 ,在伙伴提示下能正确 操作 实验,伙伴测量、记录A、B、C、D,影长分别为12mm、40mm、11mm、0.5mm。程看数据后质疑:D点的影子怎么这么短呢?建议再做一次 实验 。全组做完实验后讨论,得出正确结论。		◀ 推理 迁移与运用 ◀ 质疑求证
三、发现规律 四季变化的原因		同伴汇报实验结论,其他小组认为程小组的春季与秋季的点反了,程与同伴上台一边 演示 实验一边 解说 。		◀ 演示验证
点赞	学科深度　交往深度 √思维深度	点赞	本质与变式　探究与协同 建构与反思　√迁移与运用	
课后议	分享交流时,有其他小组的同学认为程小组的春季与秋季的点反了,于是程与伙伴拿轨道及地球仪上台,一边演示一边解说:地球按照逆时针方向公转,四季按照春夏秋冬的顺序循环变化。D点影子最短是夏季,从D点转到A点,就是从夏季到秋季,所以A点是秋季,C点是春季			

深度课堂观察记录（摘录2）

日期：2019.6.6	学科：科学	听课教师：张国华	课题：揭秘四季变化	
五年级（1）班	执教：梁炯钊	观察对象（某生及其小组）：温嘉慧（第8小组）		

记录教师的教：	记录学生的学：	
一、现象引入： 温度与四季的关系	慧听到别人的回答频频点头。	
二、探究 1. 影长与直射、斜射关系 2. 模拟实验：根据影长变化判断四季	小组实验，伙伴发现B点影长最长。慧不认可，自己独自 重做 了一次模拟 实验 ，记录A、B、C、D四点的影子长短后拿着记录单问同伴：A点是什么季节？同伴认为是夏季。慧 回应 说A点影子最短，是夏季，马上 记录 下来。（操作时由于地球N极没与轨道N极对齐，导致错误。）	质疑思考 实验验证
三、汇报交流 四季变化的原因	慧发现其他小组汇报的内容与自己不一致，看着自己的记录单 思考 起来，通过倾听发言 发现 自己和他人判断四个点的季节都是根据影子长短来判断，但自己的结论与他们不同，开始看记录单和学具，想找原因。 但下课铃声响，本节课结束，没有找到原因	倾听反思 疑惑……
点赞	学科深度　交往深度 √思维深度	
点赞	本质与变式　　探究与协同 √建构与反思　　迁移与运用	
课后议	第八小组出现了问题：地球的N极没有与轨道图的N极对齐，导致实验结果错误。温嘉慧同学在讨论A、B、C、D哪一点是春夏秋冬时，也会根据影长去判断	

解析：

两位教师分别选择了不同的观察对象，从深度课堂某一特征进行观察，由于观察的焦点不同，所获得的结果也不一样，但都可以通过看焦点学生来判断学习是否真正发生。

第一份观察记录中的观察对象是梁启程同学，选择的角度是"迁移与运用"。通过观察与记录会发现在探究环节中，程同学通过观察、分析图表后与同伴讨论，得出地球公转引起太阳的直射与斜射，太阳直射与影子长短有关的结论；而在模拟实验环节，他对实验结果产生疑问，并建议重做一次实验，从而得出正确的结论；在发现规律环节，当其他同学对程同学小组的结论产生疑问时，程同学与同伴通过演示与解说，再现了他们的推理过程，由此可见，他们在学习结果方面实现了迁移与运用。

第二份观察记录中的观察对象是温嘉慧同学，选择的角度是"建构与反思"。通过观察与记录，可以看出在探究环节，当慧同学不认可同伴观点的时候，她独自重做了实验，并做了实验记录；而在发现规律环节，慧同学发现其他小组汇报的内容与自己不一致时，她有思考并试图找出原因。虽然最终他们没有通过实验来找出原因，但他们发现了自己实验结果有问题，可见进行了反思。所以在学习过程中，他们开展了建构与反思。

以上两份课堂观察记录，通过对学生行为表现的分析，可以清楚地判断这两个学生在这堂课中学习已经真正发生，那么这堂课的教学设计我们就不需要做太多调整，最终达成以学促教的目的。

2. 课堂观察，反观教

基于深度学习的课堂教学，教师一切的教学策略、教学手段，最终的目标是创建深度课堂，培养学生的深度学习能力。判断学生的学习是否真正发生，目的在于以学生的学来反观教师的教。

案例1：

运动与摩擦力

深度课堂观察记录（摘要）

日期：2019.4.17	学科：科学	听课教师：石建军	课题：运动与摩擦力
四年级（2）班	执教：黄忠博	观察对象（某生及其小组）：第一小组曾舸	
记录教师的教： 一、现象引入 雨天某学生摔跤。	记录学生的学： 舸认真 倾听 。		
二、探究 1. 认识与体验摩擦力	同伴回答，舸举手 补充 ：摔跤的原因是因为摩擦力变了。接着舸 思考 并用手 体验 摩擦力的存在		

独立思考

续 表

日期：2019.4.17	学科：科学	听课教师：石建军	课题：运动与摩擦力	
四年级（2）班	执教：黄忠博	观察对象（某生及其小组）：第一小组曾舸		
2.测量摩擦力大小	舸和同伴了解测量方法之后进行小组实验。舸 测量 ，伙伴记录实验结果。同伴质疑摩擦力大小为什么不一样？舸摇头后陷入 思考 。			◀ 质疑反思
3.摩擦力大小与接触面光滑程度的关系	同伴交流后，舸 发表 观点：放在不同的物体上面，摩擦力不一样。小组设计实验，舸 提出 控制变量法，同伴赞同并接受建议。小组实验，合作 测量，得出结论并进行分享交流。			◀ 验证猜想
三、总结规律	小组总结规律，舸做记录：接触面越光滑摩擦力越小，接触面越粗糙摩擦力越大			◀ 总结规律
点赞	学科深度　交往深度 √思维深度	点赞	本质与变式　探究与协同 √建构与反思　迁移与运用	
课后议	曾舸同学对于同伴提出的问题提出了不确定的答案，为了验证答案是否正确，他们选择利用实验分析出桌子和凳子（同一种物体）进行实验，判定这个猜测的对错，最终发现了规律			

案例2：

用水果电池点亮小灯泡

深度课堂观察记录（摘要）

日期：2019.4.10	学科：科学	听课教师：庞瑜	课题：用水果电池点亮小灯泡	
六年级（3）班	执教：胡杰慧	观察对象（第六组）：尹子健		
记录教师的教：一、现象引入怎么样让小灯泡亮起来？二、探究发现规律 1.怎样连接电路能让水果产生电？	记录学生的学：健根据以前学习电路的知识 表达 了自己的想法。同伴 认为 将锌片和铜片直接插在柠檬上，连接万用表。但健认为将柠檬切成两半，一半接铜片一半接锌片，同时连接万用表，同伴与健分别 画出 不同的连接电路图。			◀ 产生分歧

续 表

日期：2019.4.10	学科：科学	听课教师：庞瑜	课题：用水果电池点亮小灯泡
六年级（3）班	执教：胡杰慧	观察对象（第六组）：尹子健	
2.实验验证	健按照自己的电路图进行了电路连接，发现没有产生电，而同伴的想法来不及得到验证，时间就到了。		
3.水果电池产生电的原因	健根据自己生活经验 发表 观点：水果里的酸是产生电的原因，锌片和铜片起导电作用，把水果里的电聚集到小灯泡里，使其发光。 ◄ 表达观点		
三、实践操作 用水果点亮小灯泡	健根据前面的实验，将水果电池进行串联 连接，发现小灯泡没有被点亮，同伴看了其他组的做法后给健提了建议，健参考了其他小组的做法，发现小灯泡的正负极接反了，马上 重新连接 电路，结果小灯泡亮起来了 ◄ 反思改进 达成任务		

点赞	学科深度 交往深度 √思维深度	点赞	本质与变式 建构与反思	√探究与协同 迁移与运用
课后议	在实验操作环节，尹子健进行电路连接时一开始没有想到要形成闭合回路，所以没有电产生。但是他很聪明，他看到其他组的连接方法之后，马上重新连接电路，最终让小灯泡亮了起来			

解析：

案例1观察记录中的观察对象是曾舸同学，选择的角度是"建构与反思"。从观察与记录可以看出，在探究环节中，舸同学首先通过联系生活，思考与体验了摩擦力的存在；接着在测量摩擦力大小出现实验结果不一样的情况后，同伴有质疑、舸有思考，并经过交流达成以控制变量的实验来进行验证，最终得出正确的结论，在学习过程中开展了建构与反思。学生的学习在探究环节已经发生。反观教师探究环节的设计，共有三个任务：认识与体验摩擦力、测量摩擦力大小、探究摩擦力大小与接触面光滑程度的关系；这三个任务以摩擦力为线串起来，有梯度、有层次。而教师的教学有策略：学生或联系生活进行体验，或运用材料进行实际测量，或进行实验猜想，或设计实验验证。不同的活动形式引领着学生一步一步展开探究，最终发现规律，可见教师的教是科学的、合理的。

案例2观察记录中的观察对象是尹子健同学，选择的角度是"探究与协同"。通过观察与记录，可以看出在探究"怎样连接电路让水果产生电"的环节，健同学与同伴发生了分歧，画出了两张不同的电路连接图，健同学按照自己的想法进行了验证，而没有接受同伴的建议，可见有探究但未协同；而在实验操作"用水果点亮小电泡"环节，健同学一开始连接错误导致灯泡没有亮，但经过同伴借鉴其他组的做法并给出健同学正确的建议后，健同学接受建议并进行尝试，从而导致实验成功，在此过程中有探究也有协同。可见学习已经真正发生。从这两个环节分析剖析教师的教，我们会发现健同学并不是一个不接受同学建议的孩子，是什么原因导致"怎样连接电路让水果产生电"的环节健同学与同伴产生分歧，并在验证环节按自己的想法进行实验呢？如果学生产生想法后有一个交流达成共识的环节，那么验证环节就不会出现"健只按自己的连接方法进行实验，同伴的设想无法验证"的画面了。由此可见，教师在教学策略设计中存在问题——只给学生发散思考，没有进行讨论聚敛、达成共识的安排。因此有教师建议教做如下改变：在"怎样连接电路让水果产生电"的环节，先让学生独立思考再进行分组交流，达成共识后再进行验证。以学生的学反观教师的教，直切要点，对症下药，促进了下一次有效的教。

（二）探究记录

除了通过课堂观察判断学生学习是否真正发生以外，所有科学教师一直在思考：如何培养学生的探究技能，如何让科学素养看得见？纯粹的实验操作不代表学生的探究技能，传统的知识测试无法概括学生的科学素养。于是教师们通过教学生做探究记录的方式来培养学生的探究技能，学生在课堂学会将探究的过程、方法或发现用文字记录下来，课外探究时加以应用。

案例1：

《小小设计师》课堂探究记录

科学"现象教学"探究卡

课题：六 年级 下 册小小设计师		活动：小小设计师—万能的水壶	
班级：六(8)班	姓名\组别：张熙睿		日期：2019年3月

问题描述：

每次外出带水壶不方便，功能太少，带不了太多的水。

创意构思：

设计一种功能多样化的智能水壶，温度随意调节，不愁带不了太多水。

设计图：

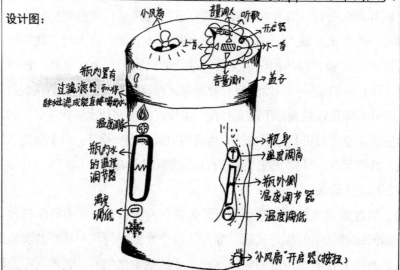

创意说明：这个水壶可以将自来水过滤成直接喝的水；可以将水中的温度调节高或低；可以在无聊的时候按下图中右下角的按扭，开启"小风扇"；可以在冬天时感觉很冷时，调瓶外的温度用来暖手；也可以在无聊时按下听歌按扭器，可以自调音量，可以连接蓝牙。

科学"现象教学"探究卡

课题：六 年级 下 册 我是小小设计师		活动：创意水杯	
班级：六(1)班	姓名\组别：刘巍歧		日期：2019年 3月26日

问题描述：

可以方便换水。

创意构思：

把水杯做成软的，并分为两层。

设计图：

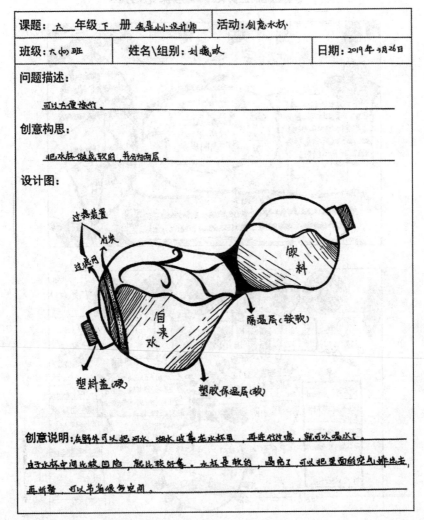

过滤装置
出来
过滤网
饮料
自来水
隔温层（较软）
塑料盖（硬）
塑胶保温层（软）

创意说明： 在野外可以把河水、湖水收集在水杯里，再进行过滤，就可以喝水了。由于水杯中间比较凹陷，就比较好拿。水杯是软的，喝完了，可以把里面的空气排出去，再折叠，可以节省很多空间。

解析：

如上图所示，根据六年级下册第二单元《小小设计师》单元，学生学习了设计师的设计流程和操作方法后，教师设计了这样一份课堂探究记录卡，探究卡分为四个部分——问题描述、创意构思、设计图、创意说明，引领着学生按照设计师的工作流程记录探究过程，用文字与符号记录自己的创意与发明。展示分享学生的创意，不仅能有效培养学生的设计及创意思维，而且也让学生习得科学记录的方法。

案例2：

《蚕宝宝生长记》课后探究记录

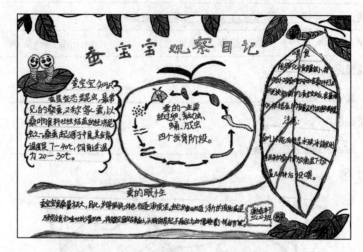

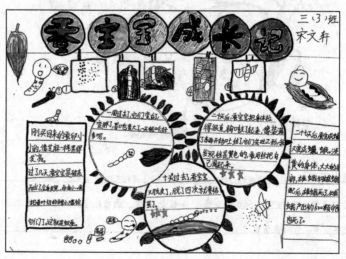

解析：

如上图所示，三年级学生在学习了《蚕的一生》《蚕变样了》后，了解了蚕的相关知识，教师组织学生买来蚕种，指导学生开展养蚕活动，以上是学生在课外养蚕所做的记录，虽然没有固定的表格，但学生会用文字、符号记录蚕不同时期的外形特点及一生的变化。将课堂学到的记录方法进行迁移与运用。两张课后探究卡不但体现了学生科学严谨的态度，而且让科学素养看得见。

（三）能力测评

　　学生的深度学习能力如何？可以通过能力测评进行衡量。每个学期末，可以根据本年级科学教材中的核心能力目标，联系生活中的问题设计出能力测评的题目，对学生的观察、探究、实验、设计、创新、分类等探究能力进行测评。

　　案例1：

《花盆补水器》创新能力测评

三年级下学期科学设计能力测评卷

　　同学们学习了《材料的吸水性》，知道了不同的材料搭"水桥"的效果不一样。请选择一种材料，设计一个花盆补水器，把设计图画下来。

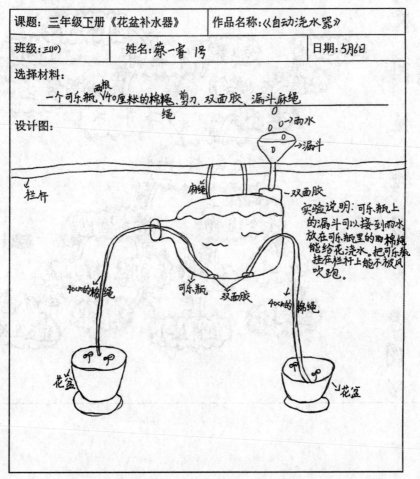

课题：三年级下册《花盆补水器》		作品名称：《自动浇水器》
班级：3(10)	姓名：蔡一睿 1号	日期：5月6日

选择材料：

一个可乐瓶、两根40厘米的棉绳、剪刀、双面胶、漏斗麻绳

设计图：

案例2:

《校园植物》分类能力测评

四年级科学探究能力测评卷

本学期围绕着《校园植物》，同学们开展了校园植物户外观察活动，并记录了许多不同种类的植物。让我们根据各种植物的特征，以自己喜欢的形式（思维导图、表格、资料卡……）为我们校园的植物分类吧！

课题：四年级下册《校园植物	作品名称:《校园植物分类导图》
班级:四(7)班　　姓　名:张羽婷	日期:2019年4月2日

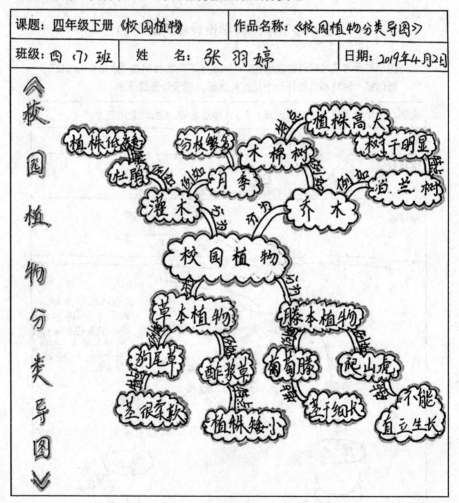

案例3：

《桥梁》设计能力测评

五年级科学设计能力测评卷

本学期围绕着《桥梁》，同学们开展了认识和设计桥梁的活动。根据所学的关于桥梁的知识，让我们当一个桥梁设计师，设计自己的桥梁模型。

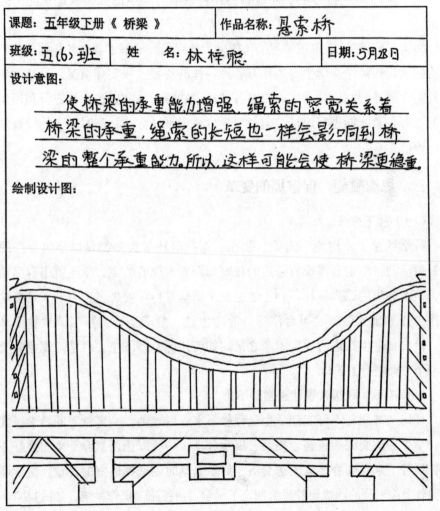

课题：五年级下册《 桥梁 》		作品名称：悬索桥	
班级：五(6)班	姓 名：林梓聪		日期：5月28日

设计意图：

　　使桥梁的承重能力增强，绳索的密宽关系着桥梁的承重，绳索的长短也一样会影响到桥梁的整个承重能力。所以，这样可能会使桥梁更稳重。

绘制设计图：

解析：

案例1是三年级学生在学习了《材料的吸水性》和《花盆补水器》后，联系生活中需要花盆补水器解决植物没有及时浇水会枯萎的问题进行设计的。

学生设计花盆补水器需要考虑用什么材料搭水桥、设计一个怎么样的装置才能补水等问题。根据学生设计的装置，就可以对学生的创意设计能力进行评价。

案例2是四年级学生在学习了《植物的分类》后，教师联系学生对校园植物进行观察的这一学情设计对学生分类能力进行测评，学生不仅要清楚知晓自己观察到的植物的特征，还要联系课堂中植物分类的知识，并结合自己的记录习惯对植物进行分类。通过看测评卷就能对学生的分类及记录能力进行评价。

案例3是五年级学生在学习了《桥梁》单元后，了解了各种各样的桥的不同结构特点，教师结合学生身边都有各种各样的桥梁这一实际情况，设计的一份设计能力测评的题目。学生需要对各种桥梁的特点非常熟悉，并充分利用生活中的已有经验才能进行设计。通过看学生桥梁设计方案，能对学生的设计能力进行评价。

三、思想赋能，促进场的变革

（一）静下来

科学课堂上，讨论、实验、制作、探究等环节大多都是以小组合作的形式开展活动，小组合作没有一定的规则和课堂常规的约定，学生就很容易动起来，而太热闹的课堂往往不利于学生积极用脑进行深度思考，不利于培养学生思维。正如佛家语："灵台清静，静能生慧，慧能生智。"当课堂静下来之时，恰恰是学生在进行深度思考之机。如何让课堂静下来，科学"现象教学"从两个方面进行了尝试。

1. 声控王，四级音量让课堂静下来

任何一节课都不可能让学生全程静下来，以老师"一言堂"的教学模式结束。学生需要交流、应答、质疑、展示分享……所以让课堂静下来的最好方式是：该静下来时则静，该表达交流、展示分享时则选择适宜的音量。科学课堂参照曾宝俊老师的四级声控系统制定了科学"声控王"操作系统，如图3-2-1、表3-2-3所示。

图3-2-1　我是"声控王"图示

表3-2-3　我是"声控王"图示表

科学"声控王"音量对应分类表	
音量级别	课堂环节或对应行为
零级声音	阅读　思考　听课　同伴发言　独立设计　独立制作　做笔记
一级声音	同桌交流　问同伴问题　提示他人
二级声音	小组交流或讨论　小组实验　小组合作　设计制作
三级声音	表达　应答　提出疑问　展示分享汇报　给他人建议

图3-2-1我是"声控王"对四级声音是什么、怎么样的手势表示什么声音做了明确规定，让学生对音量控制有了清晰的了解；而表3-2-1中对科学课堂上各个环节及行为对应什么音量进行了分类，让学生先在脑中形成意识，在课堂上对自己的行为进行有意识的调控，进而内化成一种常规的行为，养成好的课堂习惯，让课堂动中有静，静中有动，相得益彰，活而不乱。

2. 追问，让学生深层思考思辨

追问，就是追根究底地查问，多次地问。本文中的追问指教师围绕着一个核心问题或观点，设计一系列的问题链，通过提问，引发学生进一步思考，让学生对问题或观点进行更深入的分析，使学生思维逐步深化的过程。

案例1：

让纸张更结实

师：孩子们，老师要在一（6）班开展跳长绳活动，可是我没找到长绳，却找到了这几种纸，你们认识吗？

生：报纸、打印纸、作业纸、美术纸。

师：观察真仔细，这些纸能帮助到老师吗，它们结实吗？如果让你选择一种来做纸绳，你会选哪种？（教师出示四种纸张，让学生观察）

生：我会选择美术纸。

师：为什么？请说出你的理由。（追问1：挖掘学生的前概念）

生：因为它粗糙。

师：你用什么方法知道它粗糙呢？（追问2：让学生联系旧知，会用多种感官观察）

生：眼睛看，然后用手摸。

师：哇！会同时用几种感官观察，了不起！除了美术纸，还有不同的选择吗？（追问3：激发学生的批判性思维）

生：我会选打印纸，它比较厚，还比较硬。

师：看来大家都有自己的想法，你们的猜测跟事实一样吗？那我们就来比较看看哪一种纸最结实。

案例2：

制作小竹筏

师：（各小组将小竹筏放到讲台上）我们应该挑什么样的小竹筏去冒险？

生：选那些牢固、平整的小竹筏。

师：如何测试？（追问1：唤起已学概念）

生：可以摔一摔看看会不会有筷子掉出来。

师：可以摔，也可以用手轻轻上下摇动。我们先看看这艘小竹筏，符不符合平整要求？（老师用力摔几下，没有筷子脱落，再用手摇一摇，筷子掉了）你们看到了什么？

生：筷子掉了。

师：为什么会这样呢？（追问2：让学生学会观察）

生：橡皮筋没有绑好。

师：那橡皮筋应该怎样绑筷子才更稳固呢？

生：要贴到筷子最里端。

生：橡皮筋应该尽量多转圈。

师：不贴到最里端的话，由于碰撞就容易导致筷子松动。根据刚才的测试方法，我们找到了这几艘既平整又牢固的小竹筏。现在我们要下水测试了。将这模型小人放上去，看看承重情况。为什么下水前先测试？（追问3：引发学生思考，了解工程技术的流程）

生：因为直接下水就失败了，就没得补救了。

师：你能联系实际来考虑问题，非常好！请看这几艘船的情况。

生：进水了，沉了。

师：我们做的筷子小竹筏承重能力比较弱。如果是现实的小竹筏，竹子和筷子有什么区别？

生：竹子里面有空气，比筷子好。

师：现实的小竹筏，我们也可以利用今天的标准来制作。

解析：

案例1中教师采用多维对话的策略，教师提出的问题并无固定答案，而是通过追问引导学生对问题追根究底，以刺激学生的思维和交流。这种针对低年级学生的思维比较发散、思路不清晰、表达不完整的学情，通过有效的追问让学生迅速融入科学探究中，成为一个探究者去发现问题、思考问题的方式有效地培养了学生的思维能力。

案例2中当学生制作好竹筏准备下水测试时，教师先组织学生充分交流、讨论，通过追问给予必要的点拨指导，帮助学生制定出合理有效的测试方案，这种逆向的教学方式，让评价先于教学方式，让学生之间有了互相比较做得怎么样标尺，既为学生探究起了导向性的作用，又让学生更有制作热情去参与挑战，还能通过追问拨正学生偏离的思维，激活学生思维的灵性。可见有效的追问不仅能让学生进行更深层的思考、思辨，促使学生的思维逐步深化，还可以有效地进行知识的建构。

（二）科学课堂无边界

无边界学习概念是英国教育界首先提出的，它利用所有学习平台，给学习者提供一个可以在任何地点、任何时间，使用身边任何可以获取的学习机会进

145

行学习活动的学习环境。科学课堂无边界指的是在现行的教学体制下、基于校情的环境中，模糊边界、柔化边界，为学习者的学习提供更为开阔的平台和空间。基于深度学习实验的"现象教学"尝试突破学科、时间、空间等方面的界限，达成培养学生自主学习与自主探究、促进学生科学探究能力提升的目标。

1. 突破时间的壁垒，提升探究的高度

在实际的教学中，有一些探究在课堂上无法完成，我们就要让科学探究不因课堂铃声的结束而结束，让学生把科学探究的激情带到课后，利用课余时间继续进行实验与探究，培养学生科学探究的精神和持续学习的毅力，鼓励学生课后自主开展探究活动，把课堂上学到的知识与现实生活建立联系。

案例1：

蚂蚁喜欢吃什么

三年级黎丽娴同学学习了《蚂蚁长啥样》之后，对于蚂蚁喜欢吃什么的问题非常感兴趣，于是国庆假期跟她的爷爷一同去了动物公园，抓了几只大蚂蚁，每天投喂不同的食物，白菜、糖果、草莓、饼干……通过观察蚂蚁一天吃了多少，剩了多少，来分析蚂蚁喜欢吃什么？并做了详细的观察记录，详见下图所示。

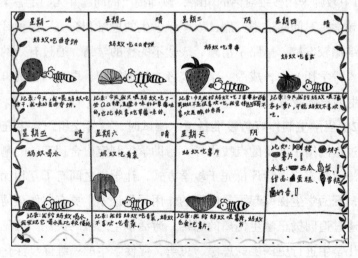

蚂蚁喜欢吃什么观察记录

案例2：

制作降落伞

在学校举行的降落伞留空实验比赛中，六年级彭宇石同学设计制作了14个降落伞，最后以留空1分26秒成为这个项目纪录的创造者。下面是他这次挑战后的感言："99次的失败并不妨碍第100次的成功。爱迪生造电灯泡实验也是失败了上千次，但他最终成功了。在本次降落伞的制作中，我前后制作了14个降落伞。每一次制作后进行测试，我都会根据测试结果进行总结与反思，从问题中找答案，从生活中找灵感，从失败中找教训，一次次地实验试飞，一次次地重新制作，一次次地总结反思，发现问题，解决问题，不断尝试……如此循环反复，磨砺了我焦躁的性格，练就了持之以恒的毅力。像科学家一样坚持不懈的实验，让我站在了科学达人的舞台上。如果降落伞有生命的话，那它在空中也一定很骄傲吧！"

案例3：

制作酸奶

五年级王睿棋、尹钰彤、黄斯睿、郑玥瑶同学，在科学课上学习了《酸奶的秘密》后，决定尝试制作酸奶，于是他们回家后两两分工合作，开始了自主探究，并写出了详细的实验报告。详见下图所示。

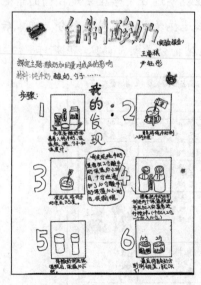

酸奶制作实验报告　　　　稀稠度不同的奶制作酸奶研究报告

解析：

案例1中的黎同学竟然对蚂蚁进行连续8天的观察；案例2中的彭宇石同学连续制作了14个不同的降落伞，共耗时95小时；而案例3中的4位同学为了制作美味的酸奶，一个周末进行了5次尝试。这种将在科学课上学到的相关科学知识，回到家中继续带着高昂的探究激情进行自助探究的做法，让科学探究从课堂延续到课后，突破了时间的壁垒，为学生自主探究打开另一扇大门，引领着学生走向更为真实的生活世界。

2. 突破空间的壁垒，拓宽探究的广度

著名的教育家陶行知主张：解放学生的空间，扩大学生的活动领域，不把学生局限在小小的课堂里，也不局限在学校中。同样的道理，科学探究不应只是局限在实验中、教室里，而应创造一切条件帮助学生突破空间的壁垒，让学生走出教室，走进校园，走进社区，走向社会，走向自然，让科学探究不受地域的局限。

案例1：

校园植物知多少

学生在学习了四年级下册第一单元《校园植物》后，知道了植物根据茎的特征可以分为乔木、灌木、草本植物、藤本植物四大类。老师带着学生走出教室，走进校园，对校园植物进行观察。在观察过程中学生发现校园的水池中也有植物，于是通过请教老师知道植物有陆地植物和水生植物之分。回家后学生将观察到的植物进行分类，并制作了校园植物分类表，详见下图所示。

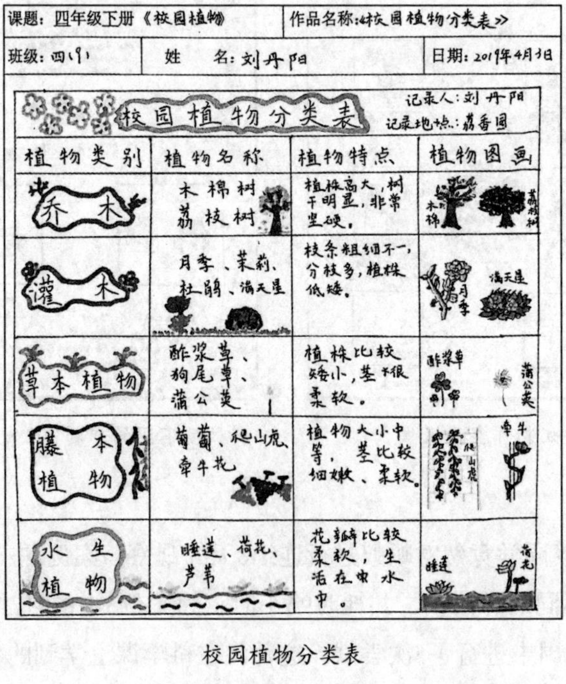
课题：四年级下册《校园植物》　作品名称：《校园植物分类表》
班级：四(9)　姓　名：刘丹阳　日期：2019年4月3日

校园植物分类表
记录人：刘丹阳
记录地点：荔香园

植物类别	植物名称	植物特点	植物图画
乔木	木棉树、荔枝树	植株高大，树干明显，非常坚硬。	木棉 荔枝树
灌木	月季、茉莉、杜鹃、满天星	枝条粗细不一，分枝多，植株低矮。	月季 满天星
草本植物	酢浆草、狗尾草、蒲公英	植株比较矮小，茎很柔软。	酢浆草 蒲公英
藤本植物	葡萄、爬山虎、牵牛花	植物大小中等，茎比较细嫩、柔软。	爬山虎 牵牛
水生植物	睡莲、荷花、芦苇	花瓣比较柔软，生活在水中。	睡莲 荷花

校园植物分类表

案例2：

发酵与发霉

五年级刘俊杰同学学习了五年级下册第一单元《发酵与发霉》后，对发酵与发霉产生了兴趣，回家后不仅亲手制作了酸奶，而且还对霉菌生长环境进行了研究，详细记录了霉菌生长要素、适宜条件和繁殖情况，并写出了详细的研究报告，详见下图所示。

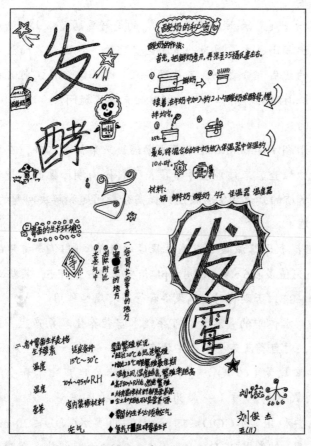

发酵与发霉的研究报告

案例3：

松山湖水质的调查

家住松山湖的杨雨霏在学习了五年级上册第三单元《水》，了解水资源及水质知识后，对松山湖湖泊、河流接二连三地出现死鱼的事件产生疑问：湖中死鱼跟松山湖的水质有关吗？于是约了几个同学对松山湖水库和附近湖泊进行实地勘察，并采集样本水样进行了检测与调查，写出了详细的调查报告。

松山湖水质的调查及建议

1. 调查人员

杨雨霏、何镇宇、余婉婕、许海雯、杨沁伟、韩子磊。

2. 调查理念

"科技共山水一色，新城与产业齐飞"的美好画卷是松山湖新城建设的主旋律，充分体现出融山、水、园为一体的生态理念，松山湖湖面景观是松山湖园区景观最重要的组成部分之一，可是近年来，松山湖湖泊、河流接二连三地出现死鱼事件。松山湖的水质如何？我们对此充满了疑问。

3. 调查目的

通过到松山湖水库和湖泊进行实地勘察，采集样本水样，在环保部门的指导下，通过实验检查、采访调查等手段，了解松山湖园区的水质现状；了解有关水质及检验水质的知识和实验技能；提高分析问题和解决问题的能力。

4. 调查原理：

（1）pH值：表示溶液酸性或碱性程度的数值。pH值是常用的水质指标之一，天然水的pH值多在6～9；饮用水pH值要求在6.5～8.5；某些工业用水的pH值应保证在7.0～8.5，否则将对金属设备和管道有腐蚀作用。

（2）氨氮：水体中的营养素，可导致水富营养化现象产生，是水体中的主要耗氧污染物，对鱼类及某些水生生物有毒害。

（3）化学需氧量（COD）：即废水、废水处理厂出水和受污染的水中，能被强氧化剂氧化的物质（一般为有机物）的氧当量。在《地表水环境质量标准》中Ⅰ类和Ⅱ类水COD≤15 mg/L、Ⅲ类水COD≤20 mg/L、Ⅳ类水COD≤30 mg/L、Ⅴ类水COD≤40 mg/L。COD的数值越大表明水体的污染情况越严重。

（4）生化需氧量（BOD）：一般有机物都可以被微生物所分解，但微生物分解水中的有机化合物时需要消耗氧，如果水中的溶解氧不足以供给微生物的需要，水体就处于污染状态。BOD5值（5天的生化需氧量）越高，水质越差。BOD5值低于3mg/L时，水质较好，纯水或近于纯水的BOD5值在1～3 mg/L，

BOD5值高于5 mg/L则表明水的纯度可疑，大于10时水质很差。

（5）水质中的悬浮物（SS）：悬浮物指水样通过孔径为0.45μm的滤膜截留在滤膜上并于103～105 ℃烘干至恒重的固体物质，是衡量水体水质污染程度的重要指标之一。

5. 调查过程

（1）调查访问。经过学生对松山湖内居民的采访和问卷调查，我们发现人们对松山湖园区水质情况基本满意，但也意识到松山湖水质近年来有恶化的情况，对水质监测手段缺乏认识。详见下图所示。

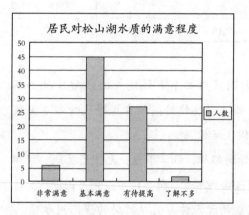
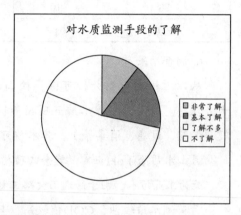

松山湖内居民调查结果

（2）实地观察、水样采集。分别对松木山水库、金海湾、月山、松湖广场等松山湖内部四处地方的水质进行布点采样。利用嗅觉和视觉观测等方法，初步判断水是否有异味以及清澈程度。详见下表所示。

水质调查结果　　　单位：mg/L（pH及注明除外）

地点	周边环境	颜色	气味	悬浮物
松木山水库	有苔藓、有钓鱼的旅客	无色	无味	清
月山	水从污水管排出，周围有较多植物、水面漂浮很多生活垃圾	浅黄色	微臭味	微浊
月荷湖	环境优美、绿化合理，附近有生活区	浅黄色	微臭味	微浊
金多港	周围土壤中混着较多垃圾、水面上有一片泡沫、水从污水管中排出	浅黄色	微臭味	微浊

（3）实验检测。详见下表所示。

实验检测结果

检测项目＼采样地点	松木山水库	月山	月荷湖	金多港
	检测值	检测值	检测值	检测值
pH值	6.22	6.81	6.53	6.31
COD	14	66	31	18
BOD5	4.2	16.5	8.7	4.5
SS	10	26	33	19
氨氮	0.08	9.16	0.08	5.82

6. 调查结果

从以上检测数据分析可得，松山湖园区内四个采样地点的水质情况并不十分理想。松木山水库水质五项指标较低，水质较好。经常规净化处理（如絮凝、沉淀、过滤、消毒等），其水质可供生活饮用。

月山水质除了pH正常，其余四项指标均超标，水质很差，无使用功能。经调查，此为工业污水，由于修理石大路工程造成污水管破裂，污水流到月山湖中。

月荷湖水质较浊，COD值较高，只能用于人体非直接接触的娱乐用水区。

金多港水质氨氮超标，其余指标正常，初步认定为生活污水。

解析：

案例1刘丹阳同学对植物的观察，不局限在一个小的空间里，而是充分地利用了校园植物种类繁多这一资源；案例2刘俊杰同学则是借用家中厨房用具齐全、室内条件稳定这一条件在家里进行发酵与发霉的研究；案例3的同学把目光投向社会，关注自然生态，结合书本中学到的知识对松山湖附近水域水质进行调查。这种走出教室，充分利用校园、家庭、社会资源开展科学探究的方法有效地突破了空间的限制，让学生的探究不再是实验室或教室里的纸上谈兵，而且与生活紧密联系的真实问题得到解决，有效拓宽了学生科学探究的广度。

3. 突破学科的壁垒，挖掘思维的深度

《基础教育课程改革纲要》指出，要改变课程结构过于强调学科本位，科目过多和缺乏整合的现状，重视课程的开放性、综合性。提倡不同学科相互联系，相互补充和相互渗透，整合学科知识、实际生活以及学生个人经验，进行跨学科教学。而作为科学学科，以培养学生问题解决能力和创新思维为目标，更需要以科学为中心，打破学科界限，融合各学科知识，有目的、有计划地进行教学设计和组织教学活动，以突破学科壁垒，实现跨学科知识应用，让学生在运用知识解决问题的过程中进行更深入的思考与融合，挖掘思维的深度。根据粤教版小学科学教材的内容，以培养学生跨学科知识应用能力及问题解决能力为宗旨，将教学内容与其他学科知识进行融合，培养学生跨学科知识应用能力。下表摘录了粤教科技版小学科学各年级部分课例（表3-2-4）。

表3-2-4　跨学科课例改造表摘录

教材原课题	课例设计课题	学科融合
一年级《让纸张更结实》	《用纸做"跳绳"》	科学：纸的特性。 语文：描述不同的纸的特点。 工程技术：材料的选择、纸绳制作
二年级《月相的变化》	《变化的月亮》	科学：月相变化规律。 美术：画月相图。 语文：想象、编月象儿歌
三年级《花盆补水器》	《谁吸水更强》《自动浇水器》	科学：材料的吸水性。 数学：盆的容积、水量、补水天数计算。 美术：画出自动浇水器设计图。 工程技术：自动浇水器装置制作
四年级《电与电路》	《给灯泡加上开关》	科学：开关控制电路。 美术：画出电路设计图。 工程技术：材料选择、电路组装
五年级《过滤水》	《让一杯浊水变清》	科学：过滤的方法可以让浊水变清。 数学：材料用量、成本计算。 美术：画出过滤器设计图。 工程技术：选择材料、过滤装置组装
六年级《生态瓶的秘密》	《设计制作生态瓶》	科学：鱼塘生态系统。 数学：瓶子容量、材料用量、成本计算。 美术：画出生态瓶设计图

以上课例都有一个真实而具体的任务，学生需要创造性地运用跨学科知识，结合实际生活和个人经验去解决，解决问题的过程就是学生思维发展的过程。深度学习与浅层学习的一个重要区别就在于是否能够将知识运用到新情境中解决问题。这种以问题解决为核心的课例有利于培养学生的问题意识、动手实践能力和科学素养。

第四章　基于深度学习的英语"TBLT教学"

TBLT（Theme-based Language Teaching）教学，是遵循课标，研读教材，依托课本，以主题为线索对教学内容进行梳理与整合的教学方式。它强调学生对主题教学内容的理解以及多维知识的整合；强调跨学科知识的融合，让学生构建知识的框架，生长思维的翅膀。

以PEP五年级下Unit 2 My favourite season为例。一是梳理与主题"Seasons"相关联的教材，如Book4 Unit3 Weather，Book5 Unit5 Scenery，Book4 Unit5 Clothes，Book6 Unit1 Activities，Book1 Unit5 Food。二是梳理与主题相关的话题，如Book4 Unit3 Weather表达四季天气往往会想到warm，hot，cool，cold等，Book5 Unit5 Scenery表达四季风景时常用flowers，blue sea，golden leaves，white snow。三是梳理相关话题的思维，如在表达春天气候时，warm可以结合学生的实际生活有更多的表达方式：春天微风习习（breezy），春暖花开(blooming flowers)，又或者是烟雨蒙蒙(drizzle)；又如秋天万里无云（cloudless），冬天河流结冰（frozen rivers）等。既丰富语料，也让语言更加专业、有魅力，充分体现了学科的深度。四是梳理话题的广度，如四季最有特点的地方是南北极及赤道，自如融入跨学科知识。最后针对以上话题，教师推荐相关绘本阅读，并给出推荐理由，让学生自主选择，引导学生自主探究主题的意义。

第一节　英语"TBLT教学"概述

一、英语"TBLT教学"的触发

英语怎么教？

2017年，松山湖中心小学提出"TBLT教学"的研究思路，这并非空穴来风。

2011版的《义务教育英语课程标准》明确提出加强中小学的英语阅读能力的要求——能就日常生活话题做简短叙述，并规定各级别的课外阅读量。而PEP人教版英语（三年级起点）教材所涵括的11个话题，对于部分学生来说，可在内容、话题语言、文化内涵、学科知识宽度及思维深度等方面做适度增补和延伸。

2017年版的《普通高中英语课程标准》（教育部，2018年；以下简称《课标》）将主题语境列为英语课程内容的六大要素之一，位居首位，并指出主题为语言学习提供主题范围或主题语境，学生对主题意义的探究直接影响学生对语篇理解的程度、思维发展的水平和语言学习的成效，是影响学习语言的最重要内容。

基于此，松山湖中心小学定义英语教学研究点为"基于深度学习的英语TBLT教学"，在教研员张凝老师及特级教师戈向红老师的指导下开展系列的教学研究活动，其中包括：Theme-based Teaching, Topic-based Teaching和Task-based Teaching。从学生的学习兴趣、生活经验和认知水平出发，通过体验、实践、参与、合作与交流的学习方式，培养学生英语核心素养。

二、英语"TBLT教学"的内涵

Theme-based Language Teaching，简称TBLT教学，是教师围绕某一教学主题，挖掘与之关联的话题，拓展教学的深度与广度，设计课堂教学目标、教学内容和教学活动。在真实情境中引入新的语言项目，通过任务驱动，让学生感知、探究、建构、创构，使其能输出具有与主题意义相适应的语言内容，从而更好地表达自己的观点、情感、态度，最终使学生掌握新的语言知识、探寻新的主题内容、形成新的语言能力，提升学科专业素养及深度学习能力。

三、Theme 主题的梳理

TBLT教学，是在遵循教材、依托教材的基础上进行研究与整合，对主题内容进行梳理的教学模式。它强调学习者对主题教学内容的理解以及多维知识的整合，强调跨学科知识的融合。

英语学科以"TBLT教学"模式展开单元教学，为学生建立起主题的系统知识框架。具体做法是：先将PEP每册教材进行横向与纵向梳理，按照主题方式罗列，找出主题间的关联，再挖掘与之相关话题的深度与广度，并使之成为新的教学内容及目标，创新课堂及拓展学科知识，提高学生语言综合运用能力，培养学生的思维能力。

下面以PEP五年级下Unit 2 My favourite season为例展示主题的梳理过程。

（一）梳理与主题Seasons相关联的教材（见表4-1-1）

表4-1-1　与Seasons主题关联的话题内容

Theme	Theme-related Topics	Related Teaching Materials
Seasons	Weather	Book4 Unit3
	Scenery	Book5 Unit5
	Clothes	Book4 Unit5
	Activities	Book6 Unit1
	Food	Book1 Unit5

（二）梳理与主题相关的话题内容（见表4-1-2）

表4-1-2　与Seasons主题相关的话题内容

Programme ＼ Theme-related	spring	summer	autumn	winter
Weather	warm	hot	cool	cold
Scenery	flowers	blue sea	golden leaves	white snow
Clothes	jeans, shirt	swimming suits shorts, skirt	jacket sweater	coat, boots scarf, gloves
Activities	fly kites go boating ride a bike	swim, dive	pick apples draw pictures painting	make a snowman go skiing go skating

头

（三）梳理相关话题的深度与广度（见表4-1-3）

表4-1-3 与Seasons主题相关的话题深度与广度

Theme-related Subject Contents and Cross Curriculums

Theme-related	Weather Known	Weather Expanded	Scenery Known	Scenery Expanded	Clothes Known	Clothes Expanded	Activities Known	Activities Expanded	Cross Curriculum	Theme-related Reading Materials
Spring	warm	breezy, drizzle	flowers	bud, blooming flowers	jeans, shirt		fly kites, ride a bike, go boating			1. Reading A-Z——Level ed Book F:Changing Sea sons（nonfiction）
Summer	hot		blue sea		swimming suits, shorts, skirt		swim	dive	the equator, tropic	2. Reading A-Z——Level ed Book F:Some Birds Go（nonfiction）
Autumn	cool	cloudless	golden leaves		jacket, sweater		pick apples	paint a picture		3. Reading A-Z——Leveled Book F:Why Do Leaves Change Color?（nonfiction）
Winter	cold		white snow	a frozen river	coat, boots, scarf, gloves	goggles	make a snowman	go skiing	North pole and South pole	4. Reading A-Z——Level ed Book F:The Igloo（non-fiction）

第二节　案例与解析

一、要素导航，促进教的变革

方向比努力更重要。基于深度学习的英语"TBLT教学"，秉持深度学习的三要素：落实学科核心素养，提升课程教学的效度；培育学习共同体，提升课程教学的温度；发展高阶思维，提升课程教学的广度。

具体可从以下两种课型进行说明。

（一）听说课课型：激活—感知—建构—创构—延伸

听说课常用的教学方式之一是通过激活话题旧知与充实话题语料等方式引入与主题关联的话题内容，同时渗透与话题相关的专业词汇。利用"Let's try"等内容进行话题导入，呈现话题情境，通过出示"Let's talk"的主情境图等方式，引发学生思考。然后让学生通过独立思考、协同学习等方式完成预测挖空文本、重新排序文本、图文匹配等任务，在整体语境中解构和建构文本并理解核心语言。通过设置贴近学生生活的任务，激发学生的表达欲望，引导学生结合实际生活经验对知识进行梳理加工，运用所学内容创构文本。针对主题，教师提出与关联话题相关的问题，引发学生进一步思考，并进行组内交流、分享，从而培养学生协同学习及高阶思维能力。最后对主题核心内容进一步拓展与延伸，引发学生课后阅读兴趣，培养学生自我探究精神。

案例1：

PEP五年级下Unit 2 My favourite season A.Let's talk

课前学生自主学习

Finish the task sheet before class.

（设计意图：利用课前学习单复习天气、衣服、活动、景物等词，通过阅读短文后夏季关联五个话题内容的梳理，初步感知季节关联话题，为下面的课堂学习做好知识的铺垫和能力储备。）

159

Step 1：激活

Free talk and review

教师与学生进行日常问候，并呈现春天景物、活动等的照片，创设整体情境。

（设计意图：通过呈现春天相关照片，让学生感受季节之美，感知本节课主题。）

Lead-in

教师提供与某一季节相关联的五个话题内容，让学生猜是什么季节。教师通过课件呈现思维导图并口头描述，用图片帮助学生理解新增词汇。教师描述与此季节相关的天气、风景、衣服、活动、食物等。

T：It's windy and warm. The flowers are blooming in the breeze. We usually wear jeans. We can ride a bike and fly a kite. Which season is it?

S1：It's spring.

T：Yes, you are right. How about this one? Please view and find out.

Ss：It's autumn.

［设计意图：激活旧知，滚动复习，引出主题，激活思维同时渗透与话题相关的专业词汇，如breezy, blooming, frozen river等，让学生复习旧知，感知新词。与此同时，呈现与季节关联话题的思维导图（如下图所示），为后面的活动做铺垫。］

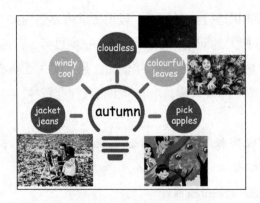

Step 2：感知

1. Listen and tick

出现"Let's try"的情境图，学生读图猜测，并完成"Let's try"中"Listen

and tick"的任务。What's Amy's favourite season? What's the weather like there? 并提出问题：How about the students?

（设计意图：创设主题情境相关任务，设置悬念，培养学生读图能力及创新思维能力。）

2. Read and predict

呈现"Let's talk"的情境图，图中含有老师和同学们上课的图片及春天和冬天的图片，学生读图推测。

T：What are they talking about? Which season does Mike/Wu Yifan like best?

S1：I think they are talking about the weather.

S2：I don't agree with S1，I think they're talking about the seasons.

（设计意图：在语境中进一步理解本课核心句型，通过读图和小组讨论预测，培养学生独立思考及同伴协同学习的能力。）

Step 3：建构

1. Discuss and say

呈现"Let's talk"的对话文本，并挖空四句话："A.Four Seasons" "B. Which season do you like best, Wu Yifan？" "C. It's very beautiful" "D. Winter"，让学生同桌讨论，根据语境推断出所缺的句子。（如下图所示）

```
Think and say      思考空白处所缺句子,为什么?

Mr Jones: Do you like the music, children?
    Mike: Yes. _____①_____ What is it?

Mr Jones: _____②_____ Today we'll draw the seasons.
         Which season do you like best, Mike!
    Mike: _____③_____ I like snow.

Mr Jones: I like snow, too. _____④_____
Wu Yifan: Spring. It's pretty!

Mr Jones: Yes, it is.
```

T：What's the missing sentence 1?

S1：I think it's nice.

T：How do you know?

S1：I think when he say yes，he should say one reason.

T：How about No.2?

161

S2：I think it's Seasons.

T：How do you know the weather?

S3：I see the pictures. Maybe the music is about the same topic...

（设计意图：通过任务驱动，让学生通过观察、对比、分析及倾听，形成自己想法，表达自己的观点，从而培养学生的批判性思维能力。）

2. Find and choose

T：Here are some tips for you. You can discuss with your partners and then choose the answers.

S1：I choose D.

（设计意图：为需要帮助的学生提供支架，让学生在帮助下探究上下文语句间逻辑关系，建构语言结构，培养学生逻辑思维能力。）

3. Listen and check

（1）播放课文录音，让学生听录音关注所缺的句子，并检测自己的答案。

（2）教师引导学生说出所缺的句子。

（3）播放录音，学生跟读所缺句子。提供所缺句子的选项，学生根据自己的推测及听录音的结果，再次进行选择与检测。

（设计意图：在培养学生听力技能的同时，引导学生关注文本核心语言，并关注核心句型的形成，启发学生思维。）

4. Watch and answer

呈现对话视频，学生检测答案，并解决文中的难点both of you。

T：Both of you are right.

（设计意图：学生通过视频图文进一步检测答案是否正确，巩固语言知识，从而建构语言结构。）

5. Follow and imitate

播放录音，让学生关注对话的语音、语调及连读，模仿录音朗读对话。

（设计意图：跟读模仿，让学生特别关注英语中语调及连读，培养学生良好的语音意识。）

6. Role play

同桌互相合作，分角色有感情地进行朗读。

（设计意图：通过协同学习，培养学生良好的语音意识和富有感情地演绎对话的技能。）

Step 4：创构

1. Discuss and say

T：Who can be the travelling companion（旅伴）？ Why?

S1：I think Mr. Jones and Mike can be travelling companions. Because they all like snow.

（设计意图：通过问题驱动，提出超越文本的问题，引导学生通过回顾对话的核心内容找出Mr Jones 和Mike 共同喜欢的季节，推理得出答案，培养学生的逻辑思维能力。）

2. Group work: Make a new dialogue

通过图片介绍全国各地不同地方四季的照片，引导学生从五个维度进行语言的综合运用，自编对话，找出适合自己的旅伴。

（设计意图：通过"找旅伴"的任务驱动，创设贴近学生生活的主题情境，激发学生表达的热情，让学生在语境中运用已学旧知，结合自己的实际生活经验对知识进行梳理加工，创构文本，从而提升学生语言综合运用能力。）

Step 5：延伸

Group work: Think and discover

由问题"Are there four seasons in all the places（每个地方都有四季吗）"引发学生思考，教师再问"Which place only has two seasons"，引导学生进行组内交流。再通过展示南北极的四季照片，引导学生在小组内进行分享交流。

（设计意图：延伸话题，让学生在掌握四季的特点后，通过提问引发学生思考，渗透文化意识，激发学生课后阅读兴趣，培养学生的探究精神。）

Homework：

（1）Read the picture books what the teacher recommended.

（2）Talk about your favourite season with your friends or families.

（3）Research some special things about seasons.

（设计意图：结合生活实际，设计可操作性任务，对课堂上的内容进行巩固和进一步拓展延伸，同时让学生进行课后自主学习，拓展话题宽度。详见场的研究）

案例2：

PEP五年级下 Unit 4 When is the art show? A. Let's talk

Finish the task sheet before class.

（设计意图：利用课前学习单复习special days，date，week，feelings等相关话题的词语，通过观看微视频，梳理四个关联话题的内容，初步感知与festival关联的话题，为下面的课堂学习做好知识的铺垫和能力储备。）

Step 1： 激活

1. Free talk and review

教师与学生进行日常问候，并呈现special days的图片滚动片段，创设整体情境。

（设计意图：通过日常问候，带学生一起回顾date和week的表达，呈现special days的图片滚动片段，让学生感受special days的特别之处，感知本节课主题。）

2. Lead-in

老师从表达festival相关联的四个话题开始层层引导，教师通过课件呈现思维导图并做出示范，引导学生说出自己的special day是什么、在何时、原因是什么。

T：Boys and girls, I have a special day. On that day, I will get many cards and messages from my students. Sometimes I will get some beautiful flowers. I will have a big dinner, too. Which day is special for me?

Ss：Teachers' Day.

T：Yes, Teachers' Day is special for me. What about you? Which day is special for you? Why? When is it?

S1：My birthday is special for me. Because I can have a birthday party and eat birthday cakes. It is on Sept. 24th.

S2：Mother's Day is special for me. Because I love my mother so much. It is on the second Sunday in May.

S2：Chinese New Year is special for me. Because I can have delicious food, get red pockets and get together with my families and friends. It is usually in January or February.

T：Yes, it is on the first day of the first lunar month. It is usually in January or February.

（设计意图：激活旧知，滚动复习，引出主题，激活思维的同时渗透话题相关专业词汇。例如: the first day of the first lunar month, message, red pockets, get together with等。让学生复习旧知，感知新词并为后面的活动做铺垫。）

Step 2：感知

1. Listen and tick

出现"Let's try"的情境图，学生读图猜测，并完成"Let's try"中"Listen and tick"的任务"Which month are they talking about？"，并提出问题：When is the sport meet? Are there any other special days?

（设计意图：设置主题情境相关任务，由谈论Zhang Peng和Mr. Jones的special month提出问题，学生带着教师提出的问题初步感知对话主句型，设置悬念，培养学生的读图能力、听力、观察力、创新思维能力与想象力。）

2. Look and predict

呈现"Let's talk"的情境图，学生读图推测。

T：What are they talking about?

S1：I think they're talking about the date.

S2：I don't agree with S1, I think they are talking about the art show and the reading festival.

（设计意图：教师让学生通过图片去思考有可能谈论什么内容，让学生发散思考，激活学生的知识背景。让学生在语境中进一步的理解本课核心句型，通过读图和小组讨论预测，培养学生独立思考及同伴协同学习的能力。）

Step 3：建构

1. Read and guess

呈现"Let's talk"的对话文本，并挖空四句话："A. What are they""B. When is the art show""C. When is the reading festival""D. May is fun"。让学生同桌讨论，根据语境推断出所缺的句子。（如下图所示）

T：What's the missing sentence 1?

S1：I think it's "What are they".

T：How do you know?

S1：Because the answer is "the school art show and the reading festival". They are two things.

T：How about No. 2.

S2: I think it's "When is the art show". Because the following sentence is a date. And later they will talk about the reading festival. So now they are talking about the date of the art show.

T：What about the last one？

S3：I think it's great!

S4：I think that sounds like a lot of fun!

S5：I think I love May!

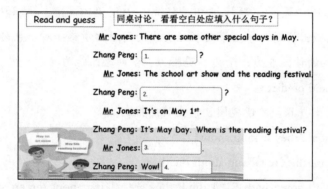

（设计意图：通过任务驱动，学生在相关主题背景下，整体把握教材的主要内容。通过观察、对比、分析形成自己的观点，培养学生的独立思考能力和发散思维能力。通过讨论，表达自己的观点与倾听他人想法，培养学生合作能力与批判性思维。）

2. Read and choose

T：Here are some tips for you. You can discuss with your partner and choose the answer.

S1：I choose D. because...

（设计意图：给出tips，为需要帮助的学生提供支架，探究上下文语句间逻辑关系，让学生在帮助下建构语言结构，培养学生的逻辑思维能力。）

3. Listen and check

（1）播放课文录音，让学生在听录音时关注所缺的句子，并检测自己的答案。

（2）教师引导学生说出所缺的句子。

（3）播放录音，学生跟读所缺句子。提供所缺句子的选项，学生根据自己的推测及听录音的结果，再次进行选择与检测。

（设计意图：让学生自主去探究语言习得的规律，先猜、再听、后读。在培养学生听力技巧的同时，引导学生关注文本核心语言，并关注核心句型，启发学生思维。）

4. Listen and write

播放录音，学生在提示下写出核心句型。

（设计意图：再尝试写，加深对重点句型结构的认识和理解运用。）

5. Watch and check

呈现对话视频，学生检测答案，并解决文中的难点"There are..."以及in和on的用法。

T：In May/on May 1st.

（设计意图：学生通过视频图文进一步检测答案是否正确，巩固语言知识，从而进一步建构语言结构。）

6. Follow and imitate

播放录音，让学生关注对话的语音、语调及连读，模仿录音朗读对话。

（设计意图：跟读模仿，让学生特别关注英语中语调及连读，培养学生的语感及语言意识。）

7. Role play

同桌互相合作，分角色有感情地进行朗读。

（设计意图：协同学习，提高学生口语实际交际能力，给学生提供一个展示自我才华和发挥创造的空间，对所学内容有更准确的理解。培养学生记忆、思维、听力能力，良好的语音意识和富有感情的演绎对话的技能。）

Step 4：创构

1. Think and say

通过课文中Mr. Jones and Mike的special days，引出学生说出自己的special days。

T：What are the special days for Mr. Jones and Mike in May?

S1：I think Mr. Jones and Mike's special days are the school art show and the reading festival.

（设计意图：通过问题驱动，引导学生通过回顾对话核心内容找出Mr. Jones and Mike的special days，推理得出答案，培养学生逻辑思维能力。再根据文本主题延伸，提出主题相关问题，把知识从书本延伸到学生的实际生活。）

2. Pair work: Discuss and say

通过图片介绍中外传统节日名称及其日期，引导学生根据本课核心句型对话。（如下图）

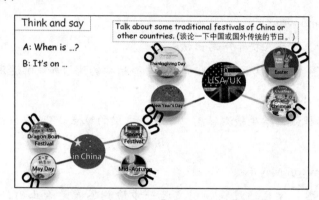

（设计意图：通过拓展文本，渗透西方节日文化，帮助学生了解中西文化差异。在对比分析主题相关的信息中，激发学生的好奇心和表达热情。让学生在语境中复现和运用已学的旧知，结合自己的实际生活对知识经验进行梳理加工，创构文本从而提升学生语言综合运用能力。）

Step 5：延伸

Group work: Talk and share

通过思维导图示例给出支架when, what, how, why，引导学生从四个方面开展对话。并给出与本课主题相关联的四个话题内容，引导学生结合自身生活经历自编对话，并在小组内进行分享交流。（如下图）

（设计意图：结合中西方其他的重要节日对话题核心内容做进一步延伸，深入挖掘文化内涵，尊重个体差异。学生能自主从when，what，how，why几个方面总结归纳并谈论节日。挖掘special days and cultures的内在联系，达到新课标中的人文性目标，帮助学生树立We should respect different cultures的价值观。）

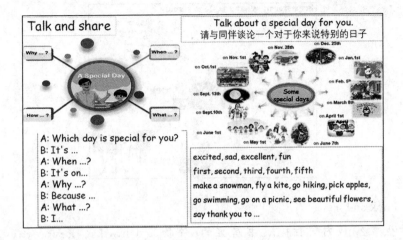

Homework:

（1）Read the dialogue.

（2）Share your special days with your friends or family.

向你的朋友或家人谈论你的special day，查阅中外节日的信息。

（设计意图：结合生活实际，设计可操作任务，对课堂上的内容进行巩固和进一步拓展延伸，同时让学生进行课后自主学习，拓展话题宽度。）

案例3：

PEP四年级上Unit 4 My home B. Let's talk

Finish the task sheet before class.

（设计意图：利用课前学习单复习房间、方位词、颜色、家具等相关话题的词语，通过观看微视频，梳理四个关联话题的内容，初步感知My home的关联话题，为下面的课堂学习做好知识的铺垫和能力储备。）

Step 1：激活

1. View and say

教师与学生进行日常问候，并用问题What is in John's study? 引入，创设整体情境。（如下图所示）

（设计意图：通过任务驱动让学生回顾所学物品主题旧知，激活学生已有的背景知识，如物品名词，让学生自主表达并感知本节课主题。）

2. Look and say

学生在20秒内记住John书房里的6件物品（books，keys，toys，the telephone，the schoolbag and pens）的位置，并准确表达出来。（如下图所示）

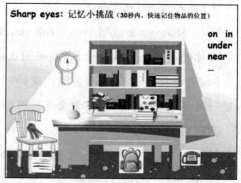

T：Where is the schoolbag?

S1：It's under the chair.

T：Where are the books?

S2：They are on the desk.

（设计意图：复习方位词、家具名词和问物品位置的句型"Where is/are...? It's/ They're..."并引出本课主题，渗透与话题相关的词汇及句型，为下面的教学环节作铺垫。）

Step 2：感知

Look and predict

出现"Let's talk"的情境图，学生读图猜测，并回答问题：Where are John and his mum? What are they looking for?

（设计意图：创设主题，学生带着问题读图思考，发散学生思维，激活学生的知识背景。让学生在语境中初步感知主题，培养学生的观察能力及想象力。）

Step 3：建构

1. Read and guess

呈现"Let's talk"的对话文本，并挖空"Are they on the table"和"No, they aren't"两句话让学生同桌讨论，根据语境推断出所缺的句子。

T：What's the missing sentence 1?

S1：I think it's "Are they on the chair".

T：How do you know that?

S1: Because the last sentence is "They are in the door".

S2：I agree with S1. There are many answers about sentence 1. It can also be "Are they under the sofa?"

T：Maybe. How about No. 2?

S3：I think the answer is "No, they aren't". Because the next sentence is "It's in the door, they aren't near the phone".

S4：We can also say, No, they aren't near the phone!

（设计意图：通过任务驱动，学生通过观察、对比和分析后形成自己的观点。同时通过小组讨论与小组倾听，培养学生的合作能力与批判性思维能力。）

2. Watch，check and answer

（1）播放课文视频，让学生听录音关注所缺的句子，并检测自己的答案。

（2）教师引导学生说出所缺的句子。

（3）观看视频后，学生回答问题：How do you think of John?

T：How do you think of John?

S1：I think he is not a good boy. He is careless. He can't find the keys.

S2：I don't agree with S1. That's right, he is careless. But he is helpful，too. He helps his mum find the keys. I think he is a good boy.

S3：I think he is forgetful but helpful.

（设计意图：学生通过视频图文检测答案是否正确，巩固语言知识，从而建构语言结构。在培养学生听力技巧的同时，引导学生关注文本核心语言及核心句型结构，启发学生思维。引导学生分析人物性格特征，培养其分析能力。）

3. Listen and imitate

播放录音，让学生关注对话的语音、语调及连读，模仿录音朗读对话。

（设计意图：跟读模仿，让学生特别关注英语中语调及连读，培养学生良好的语音意识。）

5. Role play

同伴互助，分角色有感情地进行朗读。

（设计意图：通过协同学习，帮助提高学生口语实际交际水平。培养学生富有感情的演绎对话的技能。）

Step 4：创构

Make a new dialogue

通过课文学习，学生懂得John有丢三落四的不良习惯，于是教师呈现情境：

It's 9:00. It's time to go to bed. Mum asks John to put away（收拾）his things in his schoolbag. But he can't find...（详见下图所示）

（设计意图：根据本文主题延伸，给出一个与本文主题相关的情境，让学生根据信息创构文本。让学生在语境中复现和运用已学的旧知，巩固本课核心句型。）

Step 5：延伸

1. Group work: Discuss and share

通过情景对话，思考并回答问题：Why can't John find his things?

Could you please give him some suggestions?

T：Why can't John find his things? Could you please give him some suggestions?

S1：Because he is careless. He should learn to pack up his things well.

S2：Because he is not a careful boy. He should keep the things be well organized.

（设计意图：让学生通过发生的事件进行探究，结合自己的实际生活经验进行判断并给出建议，渗透情感、态度、价值观教育。）

2. Pair work: Talk and share

根据话题联系实际，给学生一个在失物招领处的情境，让学生带着找东西的任务，自由展开对话。

（设计意图：对话题核心内容的进一步延伸，学生能结合已学的语言知识，自主描述物品的外形、位置等，并综合运用本课核心句型。深入挖掘文化内涵——要保管好自己的东西。达到新课标中的人文性目标，帮助学生树立We should keep our things be well organized的价值观。）

Homework：

（1）Make a poster of your room.

（2）Share it with the class.

（设计意图：结合生活实际，设计可操作任务，对课堂上的内容进行巩固和进一步拓展延伸，同时让学生进行课后自主探究学习，拓展话题的宽度。）

（二）读写课课型：激活—解构—建构—运用—迁移

读写课的教学方式之一是先激活和复现与主题相关的旧知，学生通过跳读、扫读与细读文本完成任务单，在阅读与任务驱动中理解文本主题意义，获取相关信息，从而实现文本解构。学生通过读、说和写的形式整理和应用信息来建构和重构文本，并能结合生活实际进行恰当合理的表达。通过小组合作，运用主题语言进行交流、汇报，从而培养学生的语言综合运用能力。最后通过与主题相关话题的拓展与迁移，激发学生课后阅读的兴趣，进而获取更多主题信息，以拓宽话题的深度与广度。

案例1：

PEP五年级下Unit 2 My favourite season B. Read and write

课前学生自主学习

Finish the worksheet before class

（设计意图：学生在前几课时已经对四季相关方面的知识有一定的了解，此环节通过观看课前微视频及课前学习单，让学生再次回忆与四季相关的天

173

气、活动、衣物、自然景色等信息。这是对旧知的回忆，同时也为学习新知做了铺垫，更是对学科拓展专业知识的检测。)

Step 1：激活

Review and answer

T：Can you say anything about the seasons? In spring, it's...

S1：In spring, it's breezy and warm. We often fly kites.

T：What about summer?

S2：In summer, it's hot. We can dive.

T：How about autumn?

S3：In autumn, it's cloudless and cool. We can pick apples. We usually wear jacket and sweater.

T：And winter?

S4：In winter, it's cold. Everywhere is white. There is lots of snow. We can make a snowman.

（学生说，教师板书思维图）

Teacher: You did a good job. You know a lot about seasons. Today we'll still talk about seasons.

（设计意图：学生在前几课时已经对四季相关方面知识有一定的了解，此环节通过观看课前微视频及课前学习单的形式，让学生再次回忆与四季相关的天气、活动、衣物、自然景色等信息。通过教师追问的方式，激活学生已储备的知识，并运用思维图的方式，更清晰地帮助学生理清已有的知识。同时也为课堂的学习做好知识的铺垫与能力储备，达到预测的效果。）

Step 2：解构

1. Look and say

T：Children, look at the pictures carefully and answer the question. How are the seasons in Robin's eyes? (只给学生文本图片，不配文)

S1：There are beautiful flowers everywhere in spring.

S2：It's hot in summer.

S3: There are colorful leaves in autumn.

S4：It is white everywhere in winter.

Tr：What else do you know from the pictures?

S5：There are green trees and pink flowers in spring.

T：Very good! Anything else?

Ss：...

（设计意图：教师呈现课文图片，引导学生观察课文图片，并回答问题：How are the seasons in Robin's eyes? 学生通过观察分析图片，能口头输出提取图片的关键信息。主要培养学生的读图能力，同时发展观察、分析、评价的思维能力，并感知本课的主题意义。）

2. Read and match

Teacher: Children, please read the passages and match.

（文本图片放左边，相关的段落放右边，让学生认真观察图片进行连线）

（设计意图：教师呈现文章描述四季的四个段落，要求学生速读段落，选择相对应的季节图片。引导学生从阅读材料中匹配四季的正确描述，培养学生通过寻读获取信息的能力。）

3. Read and choose

T：Children, read the text carefully and answer the question: Which season does Robin like? （呈现文本图片）

Students share their ideas about the question. (学生可以根据理解表达自己的观点）

S1：He likes spring. Because he said: "I like spring, because there are beautiful flowers everywhere."

S2：He likes summer.

S3：He loves fall.

S4：He likes winter because he can play in the snow.

T：All of you have good ideas. Read the passages again. Then choose the right answer.

A. Robin likes autumn best! B. Robin likes them all!

Ss：Choose B

T：Wonderful. That's the right answer. Can you underline the reasons in the text?

（设计意图：教师呈现课文图片及文章的段落，学生观察课文图片及阅读文章的段落，并划线标出Robin喜欢各个季节的原因，并得出Robin likes them

175

all的结论。引导学生通过细读文本，通过划线方式，从文本中找出对应的信息，发展学生判断、梳理的思维能力。）

4. Read and tick

T：Let's read the third passage. What special information can you get?

Ss：There are 4 falls in it.

T：So smart! Do you know the meaning of the last "fall".

（学生一边思考，一边讨论）

Ss：It means "autumn".

T：You are right!

（设计意图：教师指出文中有4个fall，提出最后一个fall是什么含义的问题。学生通过细读全文，推断最后一个fall的含义，并作出勾选。引导学生在通读文本、理解文章内涵的基础上，通过比对、分析，推断新词的含义，培养自主学习的习惯和能力。）

解读：整个过程是循序渐进的。首先由"Which season does Robin like?"进入主题，通过由易到难，层层递进的任务对文本展开多次阅读，在老师设计的问题引领下，学生通过观察说图、读图连线、圈词画线等方式，最后达到对文本的深层次的理解，还能对文本中Robin谈论喜爱四季的原因进行总结分类，展开讨论，发表意见。培养学习策略，还进行了思维品质的培养。

Step 3：建构

1. Read and discuss

Robin gets some messages from Sarah.

（Show Ss the messages）

（Sarah: Hi, Robin. Thank you for telling me your favourite season. Do yo know which season do I like best? Guess!）

T：Can you guess which season does Sarah like best?

Ss：Summer/autumn/winter/spring.

（Show Ss another message.）

（Sarah: I love it because I have a long holiday! I can go to the beach. It's sunny and cloudless. I can see the blue sky and sea. I can wear my beautiful swimming suit and go swimming. I can dive, too. And ice cream! Ha ha!）

T：Please read and answer. Which season does Sarah like best?

Ss：Summer.

T：How do you know that?（教师追问）

S1：She can go to the beach.

T：What else?

S2：The weather is sunny and cloudless.

S3：She can wear her beautiful swimming suit and go swimming.

T：Any other ideas?

S3：She can dive and eat ice cream!

（设计意图：教师以旧引新，利用思维导图帮助学生梳理关键信息，并搭建系统的语言支架。）

解读：教师呈现来自Sarah的短信，描述Sarah喜欢的季节及原因。学生根据Sarah的信息内容进行分析讨论，发表意见。结合天气、风景、衣服、活动等不同维度进行文本建构，引入新的话题内容：节日、食物，拓宽学生的思维，以读促写，激发学生表达的欲望。

Step 4：运用

Write and share

T：Super! Children, what's your favourite season? And why? Please write it down and share in your team.

（设计意图：让学生根据教师提供的思维导图结合自己的生活经历，运用已学知识阐述各人喜欢的季节。）

Step 5：迁移

1. Look and say（如下图所示）

T：Children, there are some places.Can you say the names?

Ss：Songshan Lake, Canada, Thailand, The North Pole.

T：I think Songshan Lake is the best place for me to travel in spring. Because it's warm and breezy. I can see flowers everywhere. What's your opinion?

S1：Thailand is a good place to travel in summer. I can dive and play on the beach.

S2：In Canada, there are many colourful leaves in autumn. And the weather there is cool and cloudless. I think Canada is a good place to travel in autumn.

T: How about the North Pole? What's the weather like there?

Ss: It's very cold there.

T: Most of you know a lot about the cities. Now please recommend a best place to go for others!

（让学生根据自己的生活经历，谈论好的旅游去处）

2. Write and share

T: Look, this is my travel book. Do you know how to make it? Now children, let's watch a video carefully, then make your own travel book. （如下图所示）

（设计意图：教师通过思维导图及词库的呈现，帮助学生梳理主题知识。在合作完成旅行手册并进行分享的活动中培养合作精神，提高学生综合语言运用的能力。）

Homework:

1. Read the passage with emotion.

2. Draw a mind map about four seasons.

3. Read picture books about seasons what you like, and share in class tomorrow.

（设计意图：巩固并拓展主题，延伸主题深度与广度。）

案例2：

PEP 四年级上 Unit 4 My Home B. Read and Write

课前自主学习

Finish the worksheet before class

（课前学习单见学，促进学的变革之读写课home facilities学习单一）

（设计意图：利用课前学习单复习已学知识，初步感知与居室关联的话题，为接下来的课堂学习做好知识和能力储备。）

Step 1: 激活

1. Free talk and ice-broken

教师与学生进行日常问候，并通过PPT出示自己的照片和简单信息，并介绍教师家的各居室以及居室的功能。

（设计意图：通过破冰活动，创设轻松愉快的学习氛围，激活学生已有的背景知识，关于居室的词汇bedroom, living room, study, kitchen, bathroom。）

2. Look and say

通过"聚光灯"游戏猜老师living room的物品以及其摆设情况，引导学生用本单元重点句型The... is on/in/under/behind/near the...

T：What's in the living room? For example, the bag is on the table.

S1：The fridge is near the wall.

S2：The books are on the table.

S3：The glasses are on the chair.

（设计意图：激发学生的学习兴趣和想象能力，帮助学生复习in/on/under/near/behind等方位介词，和核心句子"The... is on/in/under/behind/near the..."为接下来的关联话题综合运用做铺垫。）

Step 2：解构

1. Read and choose

呈现Wu Yifan's mum生气和Wu Yifan苦恼的图，引导学生看图猜猜到底怎么回事？通过观察Wu Yifan的living room，让学生扫读全文并选择合理的一项。（如下图所示）

T：Why is Wu Yifan's mum so angry?

A. Because the living room is not tidy（整洁的）.

B. Because the bedroom is not tidy（整洁的）.

S1：I think it's A.

T：How can you know that?

S1：Because I can see this is Wu Yifan's living room.

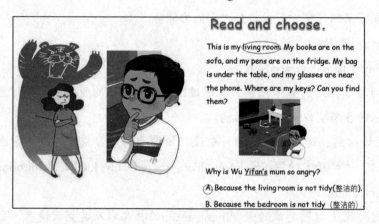

（设计意图：把Wu Yifan's mum的表情以图片的形式呈现，增加学习的趣味性，对文本设置悬念。呈现本课主题，让学生初步感知文本，并培养学生的观察和读图能力，激发学生的阅读动机，发挥学生的想象力。）

2. Read and circle

根据图片提示，在文本中圈出Wu Yi fan乱摆放在living room的物品。

（设计意图：让学生对文本有整体的感知，并进行具体物品的整理，帮助学生加深对文本的理解。）

3. Read and match

教师引导学生观察图片和文本，进行图文匹配活动。学生通过阅读文本，理解大意，采用小组互助的方式讨论并检验匹配结果。

Pair work

S1：The books are on the sofa.

S2：Oh, yes. I can see it in the picture.

S1：But where are the keys?

S2：Look! They're near the sofa.

（设计意图：通过图文匹配的活动，加深学生对故事细节的理解，培养学生初步建构文本的能力。以任务驱动，采取小组互助的方式，培育学习共同体，并培养学生有效沟通和团队协作能力，即深度学习中的人际能力。）

4. Listen and read

（1）Listen and imitate 听读文本，注意文本中意群间的停顿和升降调。

（2）Read and act 同桌互读文本。

（设计意图：在培养学生阅读技巧的同时，引导学生关注文本核心语言，启发学生思维，体现语言的语用功能。通过提供的朗读标记，引导学生尝试朗读文本，培养学生朗读技巧。）

Step 3：建构

1. Read and retell

全班学生一起复述文本，把板书补充完整，并请学生总结is和are在句子中的用法，注意单复数的问题。（如下图所示）

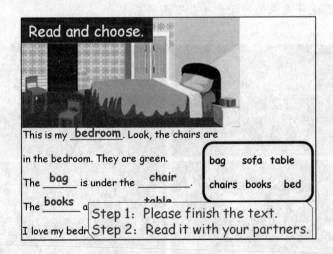

2. Think and say

T：Children, we know that his room is so messy. What can we do for Wu Yifan?

S1：I think he should clean his room every week.

S2：He should make his room tidy.

S3：Don't put things all around the room.

（设计意图：情感意识与态度的渗透，通过讨论帮助Wu Yifan整理房间，教育学生平时应当注意收拾和整理自己的物品。同时，在学生进行观察和讨论的过程中，能有意识地培养学生分析、对比、判断等能力，无形中培养学生的批判性思维的形成，以达到学科核心素养的发展。）

Step 4：运用

Read and choose

Wu Yifan听了妈妈的话和同学们的建议，把房间收拾整洁了。请根据Wu Yifan的bedroom图片，对文本进行完形填空。

（设计意图：对文本进行过程性文本重构，让学生在原有文本支架的基础上，对其核心词句进一步巩固和掌握。）

Step 5：迁移

1. Design your future room

通过播放《未来公寓》的创意视频，激发学生无限的想象力和创造力，启发他们为自己设计未来的房间。（如下图所示）

T：We may have different kinds of rooms in the future. They will be different from nowadays. Let me show you a video of future room.

（After playing the video.）

T：How do you think of the future room?

S1：Wow, that's so cool.

T：What's your future or ideal room in your mind?

S2：In my mind, the future room is cute. There are many toy bears in the room. The bed is pink. Because pink is my favourite colour.

T：Now, it's your turn to design your future rooms. Please work in groups and make a short speech later.

以四人小组为单位讨论、设计一间future room，根据图片可激发灵感，共同完成设计和小短文。（如下图所示）

（设计意图：通过创意视频和设计future room，激发学生的无限创意，培养学生的语言综合运用能力及发展创新思维能力。通过小组合作的方式，让学生共同合作完成任务，锻炼了学生的探究与协同能力。同时，每位学生都能参与学习决策活动，以小组合作学习、个性化教学来促进学生的深度学习能力。）

解析：本节课以rooms主题贯穿全课，而在最后的迁移与运用环节中，教师整合了学生已有背景知识和关联话题——家中的居室、各居室的物品名称、摆设方位等，以任务驱动来帮助学生整合知识并综合运用，真正让学生完成开放式的学习闭环。

Homework:

（1）Please write it down the future room you designed in the class.

（2）Please read some picture books about ROOM and share them with your classmates next time. Theme-related绘本推荐（详见下图所示）：

（设计意图：对课堂上的内容进行巩固和拓展延伸，通过创设情境，让学生在课后综合运用本节课的语言。同时，教师推荐与本主题相关的绘本引导学生课后自主阅读学习，以主题式群文阅读的方式进行多元文本阅读，搭建思维品质培养的阅读教学模式，真正达到培养学生英语学科核心素养的目标。）

案例3：

PEP六年级上Unit 2 Different ways to go to school B. Read and Write

课前自主学习

Finish the task sheet before class（课前学习单）

（设计意图：利用课前微课，帮助学生了解课文中提及的不同地点，了解其地理位置、自然条件、社会环境等相关的信息，为下面的课堂学习做好知识的铺垫和能力储备。）

Step 1：激活

1. Review and answer

T：How many places are there in the micro lecture? What are they?

S1：Munich, Alaska, Jiangxi, Papa Westray.

（学生一边说，教师一边用鱼骨图结构将四个地理位置进行板书。）

T：Do you know where are these places? For example, Jiangxi is in China.

Ss：...

T：Do you know more information about these places?

S1：Everyone walk to school in Munich.

S2：In Alaska, it's very cold and snowy.

S3：There are many rivers in Jiangxi, but no bridge.

S4：Papa Westray is surrounded by the sea. It's an island.

（设计意图：利用学习单的方式，检测学生对微课内容的了解情况，激发微课的知识背景，为课堂的学习做好预测与准备。）

Step 2：解构

1. 1st reading：View and say（如下图所示）

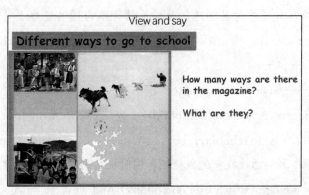

T：Do you know where is the information from? It's from Robin's magazine.

T：Look, there are 4 interesting pictures from the magazine. Can you view the pictures and tell me what's the magazine about?

Ss：The magazine is about 4 places and the different ways to go to school.

T：Yes, it's about the ways to go to school. Are they same?

S1：No, they are different.

T：Today we are going to talk about the different ways to go to school.（板书出现标题）

T：Please view the pictures again and tell me how many ways? And what are they?

S1：They are 4 ways. On foot, by sled, by ferry, by plane.

（设计意图：利用直观的图片，培养学生的读图能力，同时发展分析、对比、判断、评价的思维能力，并感知本课的主题意义。）

2. 2nd reading：Read and circle

[完整呈现文本（无图片）内容]

T：Here are some words about the magazine. You can find out the ways here. Please read in your pad and find out the ways to go to school.

S1：They go to school on foot.（教师根据学生的回答逐步呈现板书）

S2：...

T：You know the ways. But how do the students go to school in these places?

（设计意图：引导学生从阅读材料中寻找上学交通方式的特定信息，培养学生通过寻读获取信息的能力。）

3. 3rd reading：Read and choose

（将文本内容与图片打乱顺序，让学生将文本与图片连线）

T：Please view the pictures, and read the paragraphs again, choose the right paragraph for each picture.

T：All of you have done a good job. Let's check.

S1：In picture A we can see children go to school on foot. And we can see "Some children go to school on foot in Munich" in paragraph 3, so I choose 3.

（以此类推，教师通过提问完成检测，同时板书呈现出各个地方的上学方式）

T：Can you tell me which way do you like? And why?

Ss：...

T：How do you go to school?

S2：I go to school by school bus.

T：So boys and girls, different ways to go to school in different places. Do you know why?

（设计意图：引导学生通过扫读文本及从图片中找出对应的信息，并进行图文匹配，发展学生分析、对比的思维能力。）

Step 3：建构

1. 4th reading：Think and say

T：Let's take Munich as an example. Why do students go to school on foot in Munich?

S1：Because the environment is very good and it's a green way.

T：What about the other three places? Do you know why they go by this way? Please think and discuss why they go by these ways.

Ss：…

（教师板书依次呈现每个地方上学方式不同的原因）

（设计意图：通过小组合作讨论的方式，培养学生分析、归纳、思考的优秀品格。）

Step 4：运用

1. Watch and learn（如下图所示）

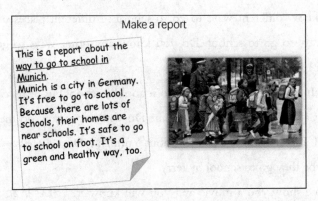

T：Can you try to make a report? This is a report about Munich. It will tell you how to make a report.（教师以Munich为例，做汇报示范，内容包括Munich走路

上学的原因以及如何制作一份相关的汇报）

T：This is my report about Munich. （师生共同完成汇报）

2. Show out a report

T：Can you make a report like this? Let's try to write a report about your place and take a picture.（如下图所示）

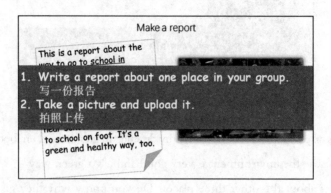

T：Would you like to come here and make a report?

Ss：…（各组以不同方式在班级同学面前进行汇报）

（设计意图：通过两个不同层次的阅读任务，驱动学生进行分析、归纳、思考，并做出初步的笔头输出（改写）。让学生体验语言学习的过程，达到语言实践运用和合作学习的目的。）

Step 5：迁移

1. Think and say

T：We know different ways to go to school in different places now. There are many other ways to go to school. Do you know any other ways to go to school in different places?（如下图所示）

Student1:In our school, children go to school by school bus or by car.

T：What about this village in Yunnan? Do you know how do the students here go to school?（Teacher shows a picture about Yunnan）Have a guess.

S1：Maybe they go to school by ferry.

T：Let me show you a movie and you will know it.（教师播放《走路上学》的片段）

T：How do they go to school?

S：They go by zip-line.

T：Is it a good way?

S：No, it's very dangerous.

T：But in Guizhou, some students go to school by small wooden boat. In Liangshan, some students go to school on foot, and by climbing high mountains. What do you think about it?

S1：I think it's a dangerous way.

T：Look at them. They still love to go to school. And they keep on going to school everyday. What about us? Is it difficult for you to go to school? I think we are lucky, and we should cherish our school life.

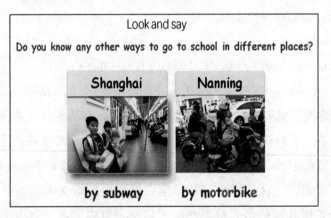

（设计意图：延伸课本内容，让学生们了解贫瘠地区学生们恶劣的上学条件，让学生们更加珍惜自己现有生活和学习环境。）

2. Imagine and say（如下图所示）

T：Talking about what it will be in the future? How will students go to school

20 years later? You can discuss in your group.

S1: I think 20 years later, maybe we will have a magic hall, and you jump into the hall, you can arrive at school.

T: I think maybe with the development of the high science, maybe we will go in the same way in 20 years later. Look at our pads on your desk, have you got any ideas?

S2: I think 20 years later, we don't go to school, we can study by the pad.

T: Maybe 20 years later, we don't go to school. We can use the computers and we can get knowledge from the Internet. We can learn everywhere!

（设计意图：通过开放式的任务激发学生发挥想象并能阐述自己选择某种交通方式的原因及观点，进一步达到语言综合运用的同时培养批判性思维，回应本课从different到same的主线。）

Homework

（1）Choose a familiar place and write a report about it.

（2）Challenging: Watch a micro lecture after class, and then finish the task sheet.

（设计意图：巩固基础知识，延伸课文主题，拓展和梳理其他更多地点的交通相关信息，使知识结构化，并根据微课内容设计分层任务，学生根据自己的能力选择完成作业，结合线上、线下学习，形成开放性的学习闭环。）

解析：根据读写课的要求，让学生在阅读中理解文本主题意义，获取相关信息，通过说和写的形式整理和应用信息来重构文本、创构文本。本课以寻找differences为主线，设计任务链，让学生在完成任务的过程中了解different places、different ways to go to school的现实，并通过追溯、思考、分析、判断文本中的different places、different environments，最后推理总结出different ways 的原因，并通过小组合作，运用主题语言进行交流，最后合作汇报。在这一系列语言交流活动中，培养学生文化意识（珍惜自己美好的生活环境，建立健康的人生观），同时学生的思维品质和学习能力得到发展。本节课充分发挥信息技术与英语教学深度融合的优势。课前任务单为课中学习做好储备和铺垫；课中任务单通过提供学习任务为学生实践语言的同时，学会合作和体验方法，也是解决难点的有效途径；课后任务单是课堂教学的延伸，旨在布置不同层次的任务，让学生对课中学习内容进行复习、整理和应用，并能进行自我评价，发展个性化学习能力。

二、听课革命，促进学的变革

关于学的方面，基于深度学习实验的英语"TBLT教学"主要是在学习单与课堂观察两个方面开展研究。

（一）学习单

学习单是学习支架的主要形态，它具有支架的功能。它是教师依据学情，为达成学习目标而设计的学习活动的载体。它是帮助学生明晰教学目标，简化教学头绪，交给学生思维方法，提升学生学习能力的媒介。在设计的教学活动中有学习单的辅助，犹如给英语课堂安上了隐形的翅膀，让学生翱翔在趣味的英语世界中。

课例分析：

PEP五年级下Unit 2 My favourite season A. Let's talk

课前自主学习单

任务一 激活 旧知	1. View the icons and write the words. 根据图标，写出对应的天气状况
任务二 感知 主题	2. Think and finish the sheet. 思考并完成表格

Seasons	spring	summer	autumn	winter
Weather				
Colors				
Activities				
Scenery				

3. Read, choose and finish the Mind Map. 阅读并完成思维导图。

Lily: Hi, Sarah. This is Lily. How are you?

Sarah: I'm fine. What's the weather like in Australia?

Lily: It's 36 ℃. It's hot and sunny. The sky is blue. The water is blue, too. I can see many beautiful flowers and trees.

Sarah: What do you often do in summer?

Lily: I often swim in the sea. Sometimes I play balls on the beach. It's so much fun

续 表

任务三 初步理 解主题	I can wear my pink dress and purple shoes. And I can have some watermelons and ice cream. It's yummy! Sarah: That sounds beautiful. Lily: Is it cold and snowy in Beijing? Can you make a snowman? Sarah: Yes, it's snowy. I can make a snowman 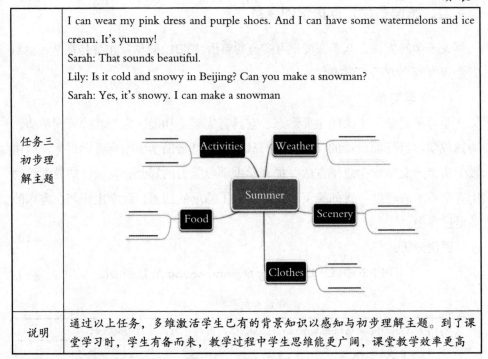
说明	通过以上任务，多维激活学生已有的背景知识以感知与初步理解主题。到了课堂学习时，学生有备而来，教学过程中学生思维能更广阔，课堂教学效率更高

课中合作学习单

任务一 解构 文本	Task 1：Find and choose思考空白处所缺句子，思考原因。 Mr Jones: Do you like the music, children? Mike: Yes. _____1_____What is it? Mr Jones: _____2_____ Today we'll draw the seasons. Which season do you like best, Mike! Mike: _____3_____ I like snow. Mr Jones: I like snow, too. _____4_____. Wu Yifan: Spring. It's pretty! Mr Jones: Yes, it is A. The Four Seasons. B. Two tigers. C. Which season do you like best, Wu Yifan? D. It's very beautiful. E. Winter. F.I like spring

续 表

任务二 建构 文本	Task 2：Group work: Make a dialogue and a travelling companion. 通过对话询问，找一个旅伴 Sentence bank： — Which season do you like best? — I like... — What's the weather like? — It's... — What can you do in...? — I can... — What can you wear? —I /We can wear...
任务三 创构 文本	Task 3：Think and share Level 1: Talk about one season. 请根据思维导图，介绍一个季节。 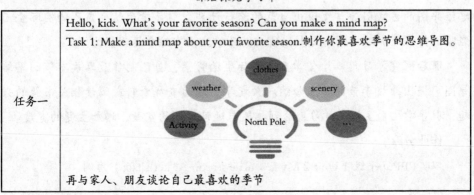 Level 2: Holiday is coming. Please try to talk about your travelling plan.用小短文说一说你的旅行计划。 I like _____ best. I can go to _____ in _____ with my friend _____. Because _____. The weather is _____ and _____. We can _____. We can _____ That will be fun
说明	通过以上不同层次任务驱动，学生进行分析、归纳、思考并做出初步的笔头输出（改写）。让学生体验语言学习的过程，达到语言实践运用和合作学习的目的

课后探究学习单

任务一	Hello, kids. What's your favorite season? Can you make a mind map? Task 1: Make a mind map about your favorite season.制作你最喜欢季节的思维导图。 再与家人、朋友谈论自己最喜欢的季节

续表

任务二	Does every place have four seasons? Do you know anything about North Pole? Task 2: Look up the information about North Pole on the Internet and finish the mind map. 上网查找有关北极的信息并尝试完成思维导图
任务三	Task3: Look up on the Internet about the special seasons
说明	通过分层任务, 让学生与朋友、家人分享自己最喜欢的季节并阐述自己的观点。再通过开放式的任务, 让学生自主查阅相关资料, 激发学生探究欲望

（设计意图：课前自主学习单：A部分的听说课作为单元学习的第一课时, 是主题学习的重要开端。在课前, 教师通过布置分层性任务复习关于主题Seasons的词汇。通过完成看图填词、填表以及完成思维导图的形式从天气、景观、活动、食物、衣着激活学生已有的背景知识以及储备的语言。）

课中合作任务单：根据学习需求, 教师在不同环节设计不同任务。学生需要小组合作, 构建学习共同体参与反思、表演、创作、问题解决等课堂活动。在解构文本的过程中, 运用Task1, 帮助学生理解文本。在建构文本的过程中, 运用Task2, 用任务单的方式, 帮助学生搭建语言支架, 通过找旅伴的任务驱动, 创设贴近学生生活的主题情境, 激发学生表达的热情, 让学生在语境中复现和运用已学的旧知。有助于学生运用语言。在创构文本环节, 运用Task3, 用思维导图的方式引导学生说出自己的旅行计划。引导学生结合自己的实际生活经验进行梳理加工, 创构文本, 从而提升学生语言综合运用能力。

课后探究学习单：结合学生的实际生活背景, 自己制作最喜欢季节的思维导图。提出北极季节的特点归纳。激发学生课后查找资料或阅读相关书籍的兴趣, 引导学生自主探究学习, 达到拓展与延伸主题的实效, 增加主题的宽度。

作业分享：

以《PEP五年级下Unit 2 My favourite season A. Let's talk》为例。

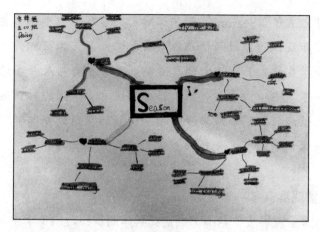

四季归类

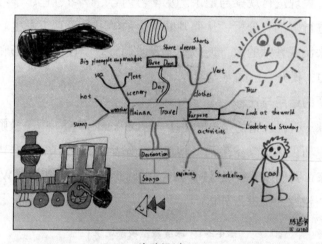

旅游规划

北极的四季

学生学习完主题"Seasons"第一课时后，了解了四季的相关知识，结合学生的生活实际及经验，教师设计各层次教学任务，挖掘相关话题深度与宽度。（以上为学生学完第一课时的作业展示）学生会与人分享课堂上学到的知识，并能阐述观点（四季归类图）；并将课堂上学到的知识运用到实际生活中，给自己做旅行规划（旅游规划图）；最后能通过查阅资料，了解更多关于北极的知识，培养了学生迁移与运用的能力（北极的四季图），让英语素养看得见。

（二）课堂观察

课堂上，课堂观察员（老师）会选择具体的观察对象（学生），对学生整节课的行为、表现进行观察与记录。从学习内容、学习过程、学习方式和学习结果四方面进行解剖与分析，从而判断学生的学习是否真正发生。同时通过观察学生的学来反观教师的教，使教师能及时调整教学设计，感悟和提升自己的教育教学能力，提升自己的专业素养。

1. 听说课的运用与迁移

在听说课（听说课指的是PEP教材中的Let's talk课型）中，教师会根据本单元主题情境，巧设贴近学生生活的情境，让学生运用已有知识框架理解并解决问题。接下来，我们以五年级《My favourite season》和五年级《When is the Art show》两节听说课为例进行分析。

表4-2-1　深度课堂观察记录1

日期：2018.3.16	学科：英语	听课教师：陈欣怡	课题：Unit 2 My favourite season A. Let's talk
五年级（1）班	执教：张国花	观察对象（某生及其小组）：梁晓峰	
记录教师的教： 一、激活 Free talk and review	记录学生的学： 梁同学观察了松山湖春天景色的图片，做出思考状，没举手发言，但有听老师和其他同学的交流，听到同学回答：It's spring时，他点点头。当PPT呈现秋季的思维导图时，梁同学与同桌小声议论，同桌问：What's the weather like in autumn? 梁回答：It's cool.		

续 表

日期：2018.3.16	学科：英语	听课教师：陈欣怡	课题：Unit 2 My favourite season A. Let's talk
五年级（1）班	执教：张国花	观察对象（某生及其小组）：梁晓峰	

| 二、感知
1. Listen and tick
2. Read and predict

三、建构
1. Discuss and say
2. Find and choose
3. Listen and check
4. Watch and answer
5. Follow and imitate
6. Role play

四、创构
1. Discuss and say

2. Group work: Make a new dialogue

五、延伸
Think and discover | 听录音时，梁同学专注地听。
老师对文本进行处理，挖空了的四句话：
A. Four Seasons.
B. Which season do you like best, Wu Yifan?
C. It's very beautiful.
D. Winter.
梁一开始对于A句子和C句子并没有头绪，但他与同桌一致认为D是"肯定是冬天，winter"；在老师提供了候选句子后，他们经过再讨论，能选出正确的句子，包括A和C。
在3~5环节，梁同学都是跟着老师的节奏学习的，在both of you的连读上，他的同桌连读处理不好，此时看到他低声教了同桌怎么连读。在角色表演环节，他们组三人为单位，梁同学热情高涨、自告奋勇要扮演Mr Jones，练习过程中他们组每个学生都能流利、准确地演绎对话，并且动作、表情都符合文中场景。
从文本中讨论"谁可以成为旅伴？"梁同学几乎不用思考就告诉同桌："They all like snow.不就是Mr Jones 和Mike可以一起去吗？"他的同桌表示认同，"I agree with you！"
在创构过程中，梁同学谈到自己喜欢游泳、喜欢海滩，因此他说：I like summer best. And I want to go to Sanya in summer. Do you like Sanya?同桌说：Yes，it's a good place. So what's the weather like in Sanya? 梁说：It's hot.同桌说：What can we do there? 梁说：Maybe we can go swimming in the sea. We can eat ice-cream too.同桌说：Good idea. What can we wear? 梁说：Swimming suit, T-shirt and shorts. 同桌说：Ok，I love the blue sea. Let's go together.
在小组活动中，同学们都认为并不是每个地方都有四季，其中一人提出："我看过纪录片，赤道是全年炎热的。还有南北极的气候也很不一样的。"梁与其他同学表示同意。（之后PPT呈现出了全球气候示意图、老师也补充了相关的知识） |

日期：2018.3.16	学科：英语	听课教师：陈欣怡	课题：Unit 2 My favourite season A. Let's talk		
五年级（1）班	执教：张国花	观察对象（某生及其小组）：梁晓峰			
点赞	√学科深度 √交往深度 √思维深度	点赞	本质与变式 √建构与反思	探究与协同 √迁移与运用	
课后议	梁同学在创编新对话的过程中，能够结合自己的出行目的地（夏季的三亚），来寻找同伴，他喜欢夏季的三亚的理由有多方面：第一，他喜欢游泳，这是对话题中关联词activities（活动）的体现；第二，三亚的天气炎热，去游泳和吃冰激凌可以消暑，这是对话题关联词weather（天气）和food（食物）的体现；第三，对话中提到了旅游目的地有blue sea（蓝色的大海），这是对话题关联词sceneries（风景）的体现				

解析课例一：（见表4–1–1）

通过观察记录，我们发现创构环节是通过"找旅游伴侣"这个活动来实现的，这个活动的设计贴近学生的生活；也能让学生对季节这一主题进行更加深入的讨论。因此，我们看到：梁同学很有表达欲望，他可以在语境中复现和运用已学的旧知并结合自己的实际生活经验进行梳理加工，从五个相关话题（天气、活动、食物、风景、衣服）进行语言的综合运用，最终找到志同道合的朋友去旅行。从而完成了"找旅游伴侣"这个任务，实现了对本课话题的运用和迁移。

表4-2-2 深度课堂观察记录2

日期：2019.4.3	学科：英语	听课教师：陈欣怡	课题：Unit 4 When is the art show A. Let's talk
五年级（2）班	执教：黄晓璐	观察对象（某生及其小组）：郑玥瑶	
记录教师的教： 一、激活 1. Free talk and review 2. Lead in 二、感知 Listen and tick Look and predict	记录学生的学： 郑同学从老师的表述中得出结论：The special day for you is Teachers' Day. 听录音时，郑同学专注地听，她完成书中Let's try的练习是完全正确的。在预测"What are they talking about?"时，郑同学回答：I think they're talking about the date.（后经老师指示，改为the date of the art show）		

日期：2019.4.3		学科：英语	听课教师：陈欣怡	课题：Unit 4 When is the art show A. Let's talk
五年级（2）班	执教：黄晓璐		观察对象（某生及其小组）：郑玥瑶	
三、建构 1. Read and guess 2. Read and choose 3. Listen and check 4. Listen and write 5. Watch and check 6. Follow and imitate 7. Role play 四、创构 1. Think and say 2. Discuss and say 五、延伸 Group work: Talk and share			郑同学对于老师在对话中挖空的句子思考了片刻、轻声告知同桌。我发现他们在候选句子没有给出的时候存在不同意见，郑同学认为最后一个句子是：I love May!同桌认为是：That's great.之后PPT呈现候选句子后，他们修改了答案：May is fun.并在听录音核对答案时得到了确认。模仿朗读到位。 郑同学在分角色表演时很自信；他们组在规定时间里练习表演了两次，在剩余的时间里交换了角色，每个人都对话内容相当熟悉、模仿到位。 讨论自己的special day：郑同学针对What are the special days for Mr. Jones and Mike in May? 这一个问题，先用手指指了英语书上的插图，示意他的同桌要结合图片来推论，接着他低声说道：I think Mr. Jones and Mike's special days are the school art show and the reading festival. 他的同桌点头，说道：I agree with you.两人相视一笑，结束讨论。 郑同学在小组中根据PPT的提示，问了组员以下的问题：When is Children's Day? 组员陈同学回答：It's on June 1st. 郑同学追问：What do you often do on Children's Day? 陈同学回答：I often go shopping with my mom and dad on that day. 郑同学：Why do you like it? 陈同学：Because I can get some gifts from my dad. So l like Children's Day			
点赞	√学科深度 交往深度 √思维深度	点赞	本质与变式　　　　探究与协同 √建构与反思　　　√迁移与运用	
课 后 议	在延伸部分，学生需要将本课所学的话题Special Days延伸到其他重要的节日，与自己已学的语言知识、生活经验建立联系。郑同学认为"特殊的一天"是儿童节的理由是可以收到爸爸送的礼物；其他组员陈同学的"特殊的一天"是圣诞节，理由是可以与家人一起在家中布置圣诞树，还可以吃圣诞大餐；廖同学的"特殊的一天"是植树节，理由是他在今年的3月跟哥哥一同参加了小区组织的植树护苗活动，他认为自己能为保护环境出一份力是很有意义的。不同的学生说出的special day不尽相同。相同的是他们在讨论的过程中，必然说出了自己做过的事情和真实的感受。因此，他们谈的节日不限定于几月几日，而是在这个节日背后有温度、有故事、有文化、有内涵……			

解析课例二：（见表4-2-2）

从课堂观察表来看，迁移环节是小组活动Talk and share，学生需要通过思维导图的提示，同时参考四个相关话题的word bank和语言框架，从五个维度进行语言的综合运用，自编对话，谈谈自己的special day（特殊的一天）。从观察记录中我们可以看到，郑同学的special day是儿童节。在这一天她是如何庆祝的呢？通过她跟组员的交流，我们知道她会跟父母一起逛商场购物；她会收到爸爸送的礼物。这也是她觉得儿童节很特别的原因。可见，从学生的生活经验出发，深入挖掘主题的文化内涵——每个人都有自己专属的special day，能够帮助学生去实现对话题的运用和迁移。

比如，儿童节是大部分学生喜闻乐见的节日，但我们也观察到其他的小组也谈到了春节、端午节等中国传统节日以及圣诞节、感恩节等西方节日，因此我们还要尊重个体差异、尊重学生的个性化表达。同时也让我们设计的课达到新课标倡导的人文性目标，即帮助学生树立正确的价值观——We should respect different special days in different countries。

2. 阅读课的运用与迁移

在阅读课（阅读课指的是PEP教材中的Read and write课型）中，教师通过梳理以及整合与话题有关的新旧知识，以任务型的语言教学途径，拓展话题，培养学生用英语做事情的能力。

接下来我们结合课例：五年级《Unit 4 When is the Art show?》和六年级《Different ways to go to school》为例进行分析。（见表4-2-3、表4-2-4）

表4-2-3　深度课堂观察记录3

日期：2018.4.26	学科：英语	听课教师：卢敏仪	课题：Unit 4 When is the art show? B. Read and write
五年级（4）班	执教：代林倪	观察对象（某生及其小组）：郭储铭	
记录教师的教：一、激活（Pre-reading）活动：抽红包（动物、植物、日期）		记录学生的学：郭同学对抽红包活动相当感兴趣，聚精会神地看着老师拿出的红包，他举手两次，教师没有请他回答。但是他认真倾听了其他同学的回答。在教师念出谜语的2秒后，他低声说出了：cat。	

日期：2018.4.26	学科：英语	听课教师：卢敏仪	课题：Unit 4 When is the art show? B. Read and write
五年级（4）班	执教：代林倪	观察对象（某生及其小组）：郭储铭	

二、解构（While-reading） 提问：What does Sarah write about? a Read and number Read and fill Read and say 三、建构 Discuss and write 四、运用（Post-reading） Finish the E-mail. 五、迁移 1. Watch and enjoy 2. Read and say 3. Watch a video about themselves	郭同学在"图片排序"的活动中，先是观察了四幅图，再对比分析后，进行排序，他的答案是正确的。 郭同学能够看着四幅图片与相应的日期，把缺失的四处"They can _____."补充完整。在他书写的过程中，有困难（思考时间较长）的地方是从日期推理出小猫不同阶段的岁数，他是先写了他们会做什么，最后才写上年龄的。 在回复电子邮件的过程中，郭同学与同桌看着学习单，一边阅读、一边思考、一边说答案。经过讨论和口头上的确认后，两人才开始动笔写。所用时间比建构时要更短。 郭同学观看认真。 他收到红包里面的信息是Chicks，他能用本节课的核心句型较快地描述出小鸡的生长过程，表达流畅、组织语言比较顺利。在教师邀请小组汇报时，他们组能够大声、流畅地说出自己的内容，得到了教师的肯定	

点赞	学科深度 √交往深度 思维深度	点赞	本质与变式　　√探究与协同 建构与反思　　√迁移与运用

课后议	建构环节，郭同学需要阅读和补全第一份电子邮件，描述小猫的生长过程；而在运用环节需要回复电子邮件，描述鹦鹉的生长过程。第一次他在写作过程中有协同合作，一边阅读、一边思考、一边说答案。第二次他是独立完成写作任务的。 从他的完成度来看，郭同学经过分析，并通过日期去计算小猫的出生天数，他结合上下文的句子含义推断单词的填写。最后他阅读了一封完整的电子邮件，他也知道了电子邮件的特定书写格式。在运用环节，他可以在教师和图片信息的帮助下，仿照第一封，可以在鹦鹉成长变化文段里写出完整的句子。在迁移环节，他有了知识的框架后，可以自信、反应迅速地完成"描述小鸡的成长"的任务

解析课例三：

从观察记录来看，老师给出的三次任务——写单词、写句子、口述文段，难度是逐渐增大的，然而，观察对象郭同学在完成三次任务时所用的时间和他的反应速度是越来越快的。从中我们可以看到让学生完成以读促写的学习任务的必要性，一开始学生搭建语言输出的支架，最后他们对话题内容和核心语言可以达到熟练运用的程度；在语言输出时，学生表达的愿望更加强烈，语言组织也更加熟练。以上不同层次的学习任务，体现了学生从知识的输入到知识生成的过程，从中也培养了他们的语言综合运用能力。

表4-2-4　深度课堂观察记录4

日期：2019.3.27	学科：英语	听课教师：卓子晴	课题：Unit 2 Different ways to go to school B. Read and write
六年级（5）班	执教：卢巧儿	观察对象（某生及其小组）：黄靖淇	

记录教师的教：	记录学生的学：
一、激活（Pre-reading） Review and answer	黄同学拿出课前完成的学习单，从学习单的完成情况可见黄同学认真观看了课前微视频并完成了相关学习任务。在教师检测完成情况的过程中，黄同学并没有举手发言，但全程认真倾听。
二、解构（While-reading）： 1. View and say 2. Read and circle 文本分析（阅读，为图片选择相应的文段） 3. Read and choose	黄同学通读了几个文段一遍，紧接着仔细观察着图片，他拿着笔在Alaska和Munich这两个文段中画出了by sled和on foot后做出了选择。然而在Jiangxi和Papa Wastray这两个文段中思考了片刻，他为Jiangxi文段选择了by ferry的图片，最后用排除法，把Papa Westray匹配给剩余的最后一张图。
三、建构（Post-reading） Think and say 四、运用 1. Watch and learn	在教师询问学生自身是以什么样的方式上学的问题时，黄同学举手并表示自己是乘坐校车大巴上学，老师追问乘坐校车的原因时，黄同学回答父母工作较忙，家里住得比较远，所以乘坐校车更方便。 在教师呈现出云南等偏远山区学生以滑索的方式上学时，黄同学先是露出了惊讶的表情后眉头紧锁，小声与同伴感叹道这也太危险了吧！教师询问学生看完视频有何感受时，黄同学发言："We are lucky because we can study in a big and nice school. And it is easy for us to go to school."

续　表

日期：2019.3.27	学科：英语	听课教师：卓子晴	课题：Unit 2 Different ways to go to school B. Read and write
六年级（5）班	执教：卢巧儿	观察对象（某生及其小组）：黄靖淇	

2. Show out a report 小组成员共同合作完成一份关于Alaska学生上学方式及其原因 五、迁移（Extending） 1. Think and say 2. Imagine and say	黄同学的小组被分到Alaska小组，黄同学由于书写工整，被小组成员选为记录员。小组成员们纷纷从课本以及课前学习单中找出每一条原因，大家七嘴八舌地讲着，场面看起来有些混乱，黄同学也不知道该如何下手。他扭头看了身旁的小组已经动笔，便探了探脑袋看了一眼别人是怎么做的。紧接着他提出建议说先把每个人说的简单记录下来，然后进行整合，小组成员们立即开工了。黄同学再将小组成员们整合后的内容一笔一画写在海报上。完成海报制作后，小组中另外两位同学上台分享，得到班级同学及教师好评。 黄同学认为：20年后目前的上学方式会继续存在，但是随着互联网发展，那时候的学生可能不用来学校了，而是在家学习课程	

点赞	√学科深度 交往深度 √思维深度	点赞	本质与变式 √建构与反思	探究与协同 √迁移与运用

课后议	制作海报是本课对话题延伸的拓展实践活动，也是一大亮点。黄同学积极参与其中，作为记录员，他需要整合组员们的理由，并抄写在海报上。当发现有些同学虽然表述的语言不同，但是意思相近的时候（余同学说"It snows a lot, so they go by sled"，张同学说"In Alaska，it's very cold"），他提出"那我可以把你们写成一条理由吗"，其他同学表示赞同。从这个细节可以看出他们在完成学习任务的过程中，进行了信息的再加工与处理，不同上学方式会受到自然环境、社会环境等因素的影响。学生通过分析四个地区上学方式的不同成因，也能够用核心语言去表达自己或其他地区的上学方式和其原因，训练了他们对用facts支撑opinions的思维方式

解析课例四：

从Different ways to go to school的课堂观察表来看，老师设计了"Think and say"的环节来让学生学以致用。学生是如何完成这个学习任务的呢？众所周知，我们的国家地大物博，沿海发达地区与内陆地区的生活水平还是存在较大的差异，加上地理环境的因素，不同城市学生们的上学方式肯定有所差异，所以黄同学可以通过观察图片（南宁、上海、内蒙古等地的学生们上学的图片）

和结合自己的生活经验来谈论中国不同城市孩子的上学方式，做到了对话题的横向比较与运用。

而在"Watch and learn"环节，我们观察到，全体同学在观看视频的过程中都全神贯注，特别是看到影片中云南小女孩通过索道跨越大山去上学的一幕时，黄同学很惊讶，然后我也看到了她有些心疼的面部表情。她在回答老师的提问"How do you feel（你有什么感受）"时，说道："We are lucky because we can study in a big and nice school. And it is easy for us to go to school"。在拓展本课主题意义的基础上，学生加深了对课题"Different ways to go to school"的深层含义的理解。

综上所述，在目前的"TBLT"英语课堂中，我们的教师积极挖掘每一节课的主题内涵。为了让学生能在真实的语言环境中运用本课的核心语言，在听说课和阅读课中，教师想方设法从"设情境—解决生活问题"和"拓展话题—在迁移中习得语言"这样的方式鼓励学生在课堂教学活动中认真参与，设计不同的教学任务来给学生创造使用核心语言和交流的机会，并且借助《课堂观察表》的记录来反观我们深度课堂的落实。

三、思想赋能，促进场的变革

构建深度学习课堂，教学环境及氛围也是主要因素之一，我们称之为教学的场。场的经营，我们的策略是引入学习共同体理论和互联网思维，营造一个润泽的环境氛围：教师从讲台上走下来、学生在协同学习时静下来、教学节奏慢下来、课堂无边界以及互联网+时代。

基于深度学习实验的场之课堂无边界，英语"TBLT教学"根据学科的学习特点，依据深度学习的六项能力——掌握学科核心知识、批判性思维和复杂问题解决、团队协作、有效沟通、学会学习、学习毅力，将英语学科的课堂无边界归纳为两点：学习内容无边界和学习时空无边界。

（一）学习内容无边界

在深度学习的教与学中，教师已通过一系列教学活动引导学生掌握了基本语言知识，有效地帮助学生发展其思维能力。而学生在已有的背景知识和语言储备下，如何能进一步提高学科核心素养能力并让学习真正发生呢？我们尝试把课内所学话题进行了有效的拓展和延伸，教师围绕教学主题的内在逻辑，基于教材内容（人教版PEP英语三年级起点），发挥学生的主观能动性，展开交互式活动，引导学生自主学习和探究。课程组老师将英语分级绘本与教材话题内容进行了无缝对接，提炼了与主题相关的问题情境、语言知识、人文修养和价值品格等内容，构建了基于教材主题的绘本（Theme-based Reading）以及与主题相关话题的绘本（Theme-related Reading）。

以"PEP五年级下册 Unit 4 When is the Art Show"主题内容为例：

丽声北极星分级绘本

The Best Time of All 教学设计解读

【教材分析】

故事《The Best Time of All》选自外语教学与研究出版社《丽声北极星分级绘本》三级下，英文读本讲述的是主人公Ben的奇妙圣诞节经历。故事以"你最好的时光是什么时候"为问题贯穿全文，以Festivals为主题，关联了月份、季节、节日和节日等话题。故事情节跌宕起伏，充满悬念。贴近学生的生活实际状况和心智发展水平，满足了他们的好奇心和求知欲。

【学情分析】

授课对象为五年级学生，他们已具备一定的英语语言基础和学习能力。本课的选材是基于人教版PEP（三年级起点）五年级下册Unit4的主题——Specials Days，学生经过本单元的学习，已经掌握了与Specials Days关联的话题知识（months，seasons，festivals & festivals'elements）。

【教学目标】

1. 语言知识目标

能够读懂、复述故事大意，如主要人物、时间、事件等。能够根据图片猜测故事情节的发展过程及故事细节。

2. 语言技能目标

通过完成阅读任务，能够掌握阅读技巧。能够对故事内容进行提问，总结故事并发表个人看法。

3. 思维认知目标

在学习故事的过程中，通过图片环游、持续默读等绘本阅读教学策略，引导学生通过对比、分析、推理等方式，理解故事内容，培养学生的分析、逻辑推理及批判性思维的能力。

4. 情感态度与文化意识目标

通过开展教师与学生之间的交互式活动，学生能感知和了解西方国家的重大节日及文化习俗，并养成和家人间互爱互助的素养，实现多元目标。

【教学重点】

能够对故事情节，如Ben喜欢12月的原因、人物的语言进行想象和预测。

【教学难点】

能够对故事内容进行提问，总结故事并发表个人看法。

【教学辅具】

多媒体课件、学习单。

聚焦点：基于主题意义下的话题补充学习；绘本阅读课主要流程：预测—阅读—理解—评价。

【教学过程】

Step 1: Pre-reading 读前活动

Look and Say

课件呈现12月份图片，引导学生说出一年中有哪些月份和对应的季节，有哪些特殊的节日？最喜欢的节日是什么？在这个节日里会做些什么事情？（附mind map）

（设计意图：复习旧知，激活学生已有背景知识和相关语言储备，创设主题语境——Festivals，为接下来的阅读教学做准备。）

Step 2: While-reading

1. View and Predict

（出示故事封面和封底，引导学生观察，谈论封面内容，获得故事信息）

T：What can you see from the cover?

S1：I can see Christmas Father and some kids.

S2：I can see two dears.

T：What is the title of the story? Can you guess?

S3：Maybe it is a Happy Christmas.

S4：Merry Christmas.

（设计意图：故事阅读前引导学生根据封面图片预测，引起学生的阅读兴趣，为展开的阅读教学作铺垫。）

2. Read and Guess

T：What is the story about?

S1：Maybe it's about holidays.

S2：I think the story is about Christmas.

（以图片环游的形式让学生浏览全书，并回答问题）

（设计意图：通过图片环游，让学生整体感知故事，培养学生的阅读策略，激发和调动学生的阅读积极性。）

3. Read and Say

学生自主阅读P2~9，回答问题，并小组讨论，一同整理人物关系图。（附关系图）

Q1：What is "my" name?

Q2：How many friends does "I" have?

Q3：Who are they?

（设计意图：通过问题引发和任务驱动，帮助学生梳理故事中的人物，以思维导图的形式让学生在阅读过程中整理故事内容。同时，采取小组讨论的方式共同探讨，培养学习的主体性。）

4. Read and Complete

Questions: What are their best time of a year? And why?

（学生再次阅读，与同伴一起补充完成思维导图）

（设计意图：让学生将他们对文本的理解，结合图片观察，以图片形式呈现出来，帮助学生梳理故事内容，养成自主阅读的习惯。）

5. Think and Say

T: Why does Ben love December?

S1: Because he's on holiday.

S2: There are lights in tree and there is lots of food at Christmas.

T: But Ben says "And..." What is it? Please look at the Invitation.（引导学生读图片中的邀请函）

S3: Oh, he will have a Christmas party.

T：What is the special thing of the Christmas party?

（设计意图：故事转折点，设置悬念，通过展示图片、学生讨论预测、回答问题等，培养学生的观察力和想象力。）

6. Think and Talk

学生自主默读P10～14，小组讨论并回答问题：Having a grandpa isn't a surprise? So what is the surprise?

（设计意图：通过引导学生讨论和回答问题，鼓励学生勇于去探索与发现，激发其想象力。）

7. Think and Fill

课件中呈现两幅图，默读P15～19，学生之间讨论What's Ben's best time of a year。

（设计意图：将故事的结局推向高潮，学生通过阅读找到了设置已久的故事悬念，鼓励学生参与课堂学习，启发学生思维。）

Step 3: Post-reading

1. Think and Share

（选出你最喜欢的一页或一个片段，与大家分享喜欢的理由）

I like page... Because...

I think...

（设计意图：通过分享最喜欢的一页，除了能检测学生是否已对故事完成理解，同时能够让教师和学生共同构建故事意义，培养学生的批判性思维能力。）

2. Guess and Say

T：What will happen then? Can people get their dreamed presents?

S1：Maybe they will fly to poor countries and send some gifts to some poor kids. The kids will be happy.

S2：Maybe the sled is broken because they are too heavy. They can't fly.

S3：Maybe they can fly to many countries and deliver gifts to children.

（设计意图：这是绘本的留白部分，故事的结局可以是多种的。通过引导学生猜测故事接下来将要发生的事情，填补空白，制造学习机会，并能发挥学生的无限想象力。）

（二）学习时空无边界

学习在学校教师与学生之间、学生与家庭成员之间、学生与外界之间是一个学习社群生态系统。学习远不止存在于课堂之内。而英语"TBLT教学"之场也不仅局限于课堂。教师通过设计的学习单、课后任务、寒暑假生活或超市等形式，将学习延伸至课外。学习的场可以是公园、书房、餐厅等等。例如：学习内容无边界中提到的Theme-based Reading主题群文阅读便是Theme-related Learning方式之一，可延伸至亲子间与生生间的协同学习。

在学习了Festival主题后教师推荐阅读绘本并完成亲子阅读及读后任务：（见表4-2-5、图4-2-1）

表4-2-5　与Festival主题关联的绘本列表

Theme	Picture Book	LEVEL	From
Festival	A DAY FOR DAD	LEVEL D	READING A-Z
	MOTHER'S DAY	LEVEL H	READING A-Z
	CARLOS'S FAMILY CELEBRATION	LEVEL K	READING A-Z
	CARLOS'S FIRST HALLOWEEN	LEVEL E	READING A-Z
	CARLOS'S FIRST THANK SGIVING	LEVEL H	READING A-Z
	THE LEGEND OF NIAN	LEVEL G	READING A-Z
	THE BEST TIME OF ALL	LEVEL 3	丽声北极星

图4-2-1　五年级叶恺桐阅读导图

后 记

集团化办学的松溪样本

凡是过往，皆为序章。

时光流淌至2018年，东莞松山湖中心小学"全人课程3.0教学转型"经过两个学年探索，迈入深度学习"教、学、场"常态研究。此时，东莞松山湖中心小学衔命成立教育集团、与寮步镇签约托管西溪学校，成为东莞市首批跨镇街集团化办学试点单位，拉开全人课程"植入，整合，新生"帷幕。至2019年，集团化办学的松溪样本已声名鹊起。

一、松溪样本的顶层设计

《孙子兵法》说，道为术之灵，术为道之体；以道统术，以术得道。正所谓世间凡能办大事、成大器者，都须做到心中有道，手中有术。集团化办学亦是如此，唯有内外兼修、标本兼治，才不至于人走茶凉、潮退无声。

集团总校长刘建平从"道术合一"的哲学视角，提出以"全人课程"植入为"术"、以文化生成为"道"，以教师队伍的生态发展为纽带，通过"植入，整合，新生"三部曲的实践探索，快速实现西溪学校的全面转型。

二、松溪样本的道术合一

课程是学校教育的主要载体，从某种意义上说，课程决定着学校的形态，只有改变课程，才能从根本上改变学校。纵观国内外集团化办学案例，不论是紧密型还是松散型，多是以管理输出和教师输出的方式带动薄弱学校发展。松溪样本集团化办学从技术的角度提出以"全人课程"植入为抓手，是因为集团龙头学校（松山湖中心小学）历经三个五年所建构的"全人课程"体系，在东莞乃至珠三角地区的社会认可度高，尤其是普通老师可学习、可操作，易于移植。课程植入，既抓住了学校发展的关键，又很好地降低了跨镇街集团化办学的文化阻力和行政内耗。

（一）术，有形的课程植入，从项目到共振

松溪样本的课程植入主要有改良、补白和整合三种方式，旨在解决集团化办学发展的技术问题。

1. 改良原有课程

改良就是借用集团龙头学校资源和力量对成员校原有问题多、问题大的课程进行改造和完善，快速提升该课程的品质和效率。

如松溪样本语文课程教学采用的就是课程植入的改良方式。

语文"主题教学"是集团化办学课程植入的重点内容，首期历时2个月的植入试点，由龙头学校选派植入导师开展一对一辅导，主要培养改良语文课程教学的破冰者。在此基础上语文"主题教学"二期植入工程启动，为期一学年，主要聚焦语文"主题教学"的串联型阅读和生成性语用两种课型，从课例的学习模仿，到课型的扩展设计，再到课理的疏导整理，完成语文"主题教学"从理论到实践、从认知到实操的系统性研究，语文课程教学品质得以大幅改进，语文"主题教学"成为课程组的研究常态。《东莞日报》教育版也以整版篇幅报道松溪样本在语文课程改良方面的成效。

2. 补白原有课程

补白在《现代汉语词典（第7版）》里解释为"报刊上填补空白的短文"。补白原有课程就是通过对成员校原有课程不完备或欠缺的部分进行填补和充实，使原有课程更加周密、完整。

"全人课程"是一门兴趣爱好课程，隶属学科拓展课程，主要是以社团活动形式开展。集团通过引入舵手、引入模式、改善场室、培训师资等措施，补白课程内容、开展方式以及课程师资等，学校社团活动呈现出蓬勃生机，形成并总结出一系列优秀的课程实施经验，在较短时间里使其课程品质和效率获得大幅提升。

3. 整合原有课程

这里所说的整合，主要是指将成员校某些课程的原有优势予以保留，并与植入课程的优势融为一体。西溪学校原有的游泳和科幻画项目教学颇有特色，但品质不高，松溪样本将其统一归置到音体美课程教学中，与集团龙头学校的音体美课程"1+X教学"相整合。这个1，在音乐学科为葫芦丝和歌唱，在体育学科是花样跳绳和游泳，在美术学科是创意科幻画。X，则是指新课程标准中提及的音体美学科素养。

实施音体美"1+X教学"，1是抓手，是媒介；技能习得是要求；素养培育是目标；而整合是关键。松溪样本通过整合课程内容、整合教学课型、整合教学范式、整合评价内容等措施，突出音体美专项技能的学习力度，实现1的连续性和阶梯性实施。专项技能的快速提升，有效地促进了学生音体美整体素养的发展。松溪样本实现了让每个孩子都能掌握两项体育运动技能和拥有一项艺术特长。

迄今为止，课程植入共计聚焦语文"主题教学"、音体美"1+X教学"等六个项目，有12位教师、12个班级、600多名学生参与试点。这些数据看似微不足道，但在课程植入过程涌现出的"招募令""工作坊""俱乐部"等已经发生蝴蝶效应，最初的项目已不再是项目，而是共振的发源地。

（二）道，无形的文化生成，从点燃到内生

松溪样本集团化办学充分相信内生的力量，自觉提出"溪月松风"文化定位。松风，即松山湖中心小学吹拂来的教育改革之风，起到点燃唤醒的作用；溪月是永恒的，西溪学校的发展最终依靠的还是西溪学校的内生崛起之力。

松溪样本的文化生成主要从认同、转型和自觉三个方面着力，旨在解决集团化办学发展的方向问题。

1. 塑造文化认同

认同是一种心理上的肯定性、情感上的趋同性，能最大限度地消除心理排斥、距离和隔阂，是达成共识的前提。

如植入学校办学思想，建设校训主题文化。办学思想是学校的方向标，没有一致认同的办学思想和理念，学校文化的融合很难发展到实质层面。松溪样本集团化办学植入龙头学校办学思想，即"教育从生活开始与生命同行"，并将其竖立在进校大道的最显眼处，和学校原有高大的"爱"字刻石组合在一起，成为全校师生日常关注的焦点。同时，松溪样本植入龙头学校校训，并以校训为主题统整校园文化建设，彰显学校办学思想和精神。

如加强文化内涵解读与宣传。学校编制《集团办学工作手册》，把学校办学思想、育人目标以及"一训三风"等文化内容和内涵解读印制其上，人手一本，成为文化引领的载体。松溪样本还重新设计了学校文化标识系统，定期编印《溪月松风报》、推出学校微信公众号，全面报道集团化办学带来的点滴变化，让广大教师、家长、学生对集团化办学的文化产生强烈认同感，逐步塑造起对学校文化的深度认同。

2. 引导文化转型

松溪样本积极引导学校文化转型，意在变凌乱为有序、有力，变平庸为有效、优秀。

如倡导"学习归己"的教师发展文化。学校以学以致用为教研出发点，提出"自己研究问题，研究自己的问题"，鼓励教师组建"教学技能研修"项目组，通过技能研修提升教师的教学素养，使得教师日常工作更能得心应手，增强了教师工作和生活的幸福感，教师队伍由被动培训走向自主发展，逐渐形成了"学习归己"的教师发展文化。

如实行寒暑假"生活超市"，推动学生作业文化转向。寒暑假"生活超市"是在学生寒暑假作业形式上的创新举措，它以生活为主线，以"任务式清单"设计作业样式，以"超市货品"的形式呈现，打造必选、自选的两种"商品"（即两类作业形式）。学生寒暑假"生活超市"，其作业纯属私人定制，独此一份！这种以培养学生自主学习能力为目的的作业革命，打破了学生作业边界，充分激发了学生的学习兴趣、创新精神与生命活力。

3. 培育文化自觉

文化自觉主要是指文化的自我觉醒、自我反省、自我创建。松溪样本对于培育文化自觉，采取的是迁移法，即顺手牵羊。

如在植入"全人课程"扁平化管理的过程中，顺势培育主人翁的学校文化。扁平化管理主要有以下特点：简单，分工不以职务而定，各任其责；尊重，赋予中层干部全部责权利；引领，用人所长，先行一步。松溪样本实施扁平化管理，释放教师的内驱力和领导力，让大多数教师都能成为各项课程建设的组织者和执行者，改变了以往学校行政和课程组长只当传声筒和通讯员的简单做法，学校不再是校长一个人说了算，只要教师有想法，有能耐，有专长，都可以参与到学校的建设与管理中来。

内生的力量是无穷的，文化的力量稳定而持续。西溪学校的师生们是凝聚在一起的河流，相互裹挟着奔涌向前。

（三）人，把教师发展立于道与术的核心

教师改变，学校才会改变；教师改变，学生才会改变。不论是有形地课程植入，还是无形地文化生成，松溪样本始终把教师发展立于道与术的核心，成就了从输血到造血的教师群体自主发展态势。

1. 复合型教师培训模式

高效率的教师培训，是促进教师成长的重要方式。松溪样本集团化办学把上岗前的"全人课程"体系模块化培训与测评的集中学习和日常的"主题技能培训"有机结合，在较短时间内使学校的教师队伍在办学思想、教学理念、班级管理与教学技能等多方面实现与集团化办学思路的对接，初步完成单一型教师向能够胜任"全人课程"的复合型教师转变。

2. 内生型教师成长模式

集团通过选派龙头学校骨干教师作为"种子教师"（首批6人）、交流教师（首批5人）到西溪学校交流，分别担任学校行政和课程组长，并以集团教研为支点，直接领导、参与"全人课程"的植入与整合工作，传播、贯彻"全人课程"理念和操作模式，引领教师团队快速成长。

在种子教师、交流教师以及集团导师的引领下，松溪样本的内生型教师成长工程得以快速推进。如以种子教师邓峰为代表的体育"跳绳技能"研修俱乐部、以种子教师涂德成为代表的语文"主题教学"工作坊、以种子教师张吉庆为代表的班队"案例研修例会"、以集团导师邱卫春、邵洪波为代表的"一手硬笔好字"课程技能研修俱乐部等。这些研修项目的开展，聚拢了一批想发展、能发展的教师群体，有效地带动教师群体的自主发展。学校师资队伍正逐渐形成要我发展到我要发展，个人发展到群体发展的良好发展态势。

三、松溪样本的启示

东莞松山湖中心小学以构建"全人课程"为载体，历经十余年实现了从给定型到内生型的课程转型，实现了从单一型到复合型的教师转型，正在实现从知识型到能力型的教学转型。松溪样本以"全人课程"植入为抓手，从术、道、人三个方面展开实践探索，短短一年多已焕发勃勃生机。学校扩张或课程移植彰显了东莞松山湖中心小学的魅力所在。

最好的基础教育，并非塑造谁，而是点燃我。用融通式的校本课程设计，成全一个生命的全面发展，这是人文理想在这个时代的动人回归。

溪月松风，我相信内生的力量！

深度学习，我期待内生的力量！

赵晓天